BITCOIN Y CRIPTOMONEDAS PARA PRINCIPIANTES

LA GUÍA PARA ENTENDER, COMPRAR Y GANAR CON CRIPTOMONEDAS – ASEGURA TU LIBERTAD FINANCIERA CON ESTRATEGIAS SIMPLES Y EFECTIVAS

DYLAN FAIRVIEW

Bitcoin y criptomonedas para principiantes

Copyright 2024 por Dylan Fairview

Todos los derechos reservados

Primera edición

AVISO DE COPYRIGHT

Todo el contenido de este libro está protegido por las leyes de propiedad intelectual. Queda estrictamente prohibida la reproducción, distribución o transmisión no autorizadas de este libro, en su totalidad o en parte, en cualquier forma o por cualquier medio, sin el permiso previo por escrito del editor. Las únicas excepciones son breves extractos utilizados con fines de reseña o publicación.

AVISO LEGAL

La información contenida en este libro se facilita únicamente con fines educativos e informativos y no pretende ser un asesoramiento profesional financiero, jurídico o de inversión. Su contenido no debe interpretarse como una oferta de compra o venta de valores o inversiones, ni como una recomendación para tomar cualquier decisión financiera. Se recomienda encarecidamente a los lectores que consulten a un asesor financiero cualificado, un profesional fiscal o un experto jurídico antes de tomar cualquier decisión financiera o de inversión.

Ni el autor ni el editor serán responsables de pérdidas, daños o reclamaciones derivados del uso o mal uso de la información contenida en este libro. Al leer este libro, usted reconoce y acepta que el contenido se proporciona "tal cual" y sin garantía de ningún tipo.

DESCARGO DE RESPONSABILIDAD PARA EJEMPLOS E HISTORIAS

Este libro contiene historias, ejemplos y escenarios ilustrativos que ayudan a explicar conceptos clave. Estos ejemplos son ficticios o generalizados con fines educativos. Los nombres, personajes, empresas, lugares, sucesos e incidentes son producto de la imaginación del autor o se utilizan de forma ficticia. Cualquier parecido con personas reales, vivas o fallecidas, acontecimientos o lugares es pura coincidencia. Estos elementos ilustrativos sólo pretenden aclarar el material y no deben interpretarse como representaciones reales.

EXACTITUD DE LA INFORMACIÓN

La información contenida en este libro procede de fuentes consideradas fiables y exactas en el momento de su publicación. Sin embargo, el autor y el editor no garantizan la exactitud, integridad o adecuación de la información presentada. Se insta a los lectores a verificar cualquier información antes de tomar decisiones basadas en el contenido de este libro. El autor y el editor no aceptan responsabilidad alguna por errores, omisiones o cambios en la información aquí contenida.

EXENCIÓN DE RESPONSABILIDAD

El autor y el editor declinan toda responsabilidad por cualquier pérdida, daño o perjuicio causado por la aplicación o interpretación del contenido de este libro. Esto incluye, pero no se limita a, pérdidas incurridas como resultado de decisiones de inversión, decisiones financieras, o el uso de productos o servicios discutidos en este libro.

Al continuar leyendo este libro, usted reconoce que asume plena responsabilidad por sus acciones y decisiones y que comprende los riesgos asociados con la inversión en criptodivisas. Usted acepta liberar al autor y al editor de cualquier responsabilidad derivada del uso de la información proporcionada.

OTRAS CLÁUSULAS DE EXENCIÓN DE RESPONSABILIDAD

1 Sin garantía financiera: Las criptomonedas, incluyendo Bitcoin, son altamente volátiles y conllevan riesgos sustanciales. Este libro no garantiza el éxito financiero, ni afirma que cualquier estrategia discutida sea rentable. Todas las inversiones conllevan riesgos, incluida la posible pérdida de capital.

2 Cumplimiento fiscal y normativo: El contenido de este libro se basa en el panorama fiscal y normativo vigente en el momento de su publicación. No obstante, las leyes y normativas pueden cambiar con el tiempo. Es responsabilidad del lector mantenerse informado de cualquier cambio y cumplir con todas las leyes y normativas fiscales aplicables. El autor y el editor no son responsables de garantizar el cumplimiento de los requisitos legales o reglamentarios.

3 Sin garantía de resultados futuros: Este libro se basa en las opiniones y conocimientos del autor en el momento de su redacción. Las criptomonedas son un espacio en rápida evolución y no se puede garantizar que las proyecciones o predicciones contenidas en este libro se hagan realidad. El autor no se hace responsable de los resultados derivados de seguir las estrategias o recomendaciones presentadas.

ACUERDO SOBRE LAS CONDICIONES

Al comprar y leer este libro, usted acepta los términos y condiciones descritos en este aviso de copyright y renuncia de responsabilidad. Si no está de acuerdo con estas condiciones, no lea ni se fíe del contenido de este libro.

ÍNDICE

INTRODUCCIÓN AL BITCOIN Y LAS CRIPTOMONEDAS — 7

1. LA EVOLUCIÓN DEL DINERO: DEL ORO AL BITCOIN — 15
2. CÓMO FUNCIONAN LAS BITCOINS: LA TECNOLOGÍA QUE HAY TRAS ELLAS — 23
3. COMPRENDER LOS INTERCAMBIOS CRIPTOCURRENOS Y LOS PORTFOLIOS — 31
4. COMPRAR BITCOIN: GUÍA PASO A PASO — 39
5. ALMACENAR BITCOIN CON SEGURIDAD — 47
6. ENTENDER LOS OTROS CRIPTOS: ALTCOIN — 55
7. BENEFICIOS Y RIESGOS DE LA INVERSIÓN EN BITCOIN — 63
8. CÓMO VENDER BITCOIN Y OBTENER BENEFICIOS — 71
9. EL FUTURO DEL BITCOIN Y LOS CRIPTOVALORES — 79
10. PROTEGERSE DEL FRAUDE Y DEL FRAUDE — 87
11. BITCOIN Y CRIPTOVALUAS COMO ESTRATEGIA DE INVERSIÓN A LARGO PLAZO — 95
    SU CAMINO HACIA LA LIBERTAD FINANCIERA CON BITCOIN — 103

INTRODUCCIÓN AL BITCOIN Y LAS CRIPTOMONEDAS

¿QUÉ SON EL BITCOIN Y LAS CRIPTOMONEDAS?

Imagine un mundo en el que puede enviar dinero a cualquier persona, en cualquier lugar del mundo, a cualquier hora del día, sin necesidad de un banco o intermediario. Este es el poder del Bitcoin y las criptomonedas. Pero, ¿qué son exactamente estos activos digitales y por qué son tan revolucionarios?

Bitcoin, lanzado en 2009 por una persona (o grupo) anónima conocida como Satoshi Nakamoto, fue el primer intento con éxito de crear una forma descentralizada de moneda digital. A diferencia de las monedas tradicionales, como el dólar estadounidense o el euro, Bitcoin no está controlada por ningún gobierno o institución financiera. En su lugar, se basa en una red de pares y en una tecnología denominada blockchain para gestionar las transacciones de forma segura y transparente.

Las criptomonedas, en general, se refieren a una categoría de monedas digitales o virtuales que utilizan la criptografía para proteger las transacciones y controlar la creación de nuevas unidades. Bitcoin fue la primera, pero hoy existen miles de criptodivisas más, cada una con características y usos únicos.

Pero, ¿por qué interesarse por Bitcoin y las criptomonedas? Para empezar, ofrecen una forma de tomar el control del propio futuro financiero, proporcionando una alternativa a los sistemas financieros tradicionales que han mostrado sus vulnerabilidades. Como verá en este libro, ofrecen oportunidades de inversión, creación de riqueza e incluso protección frente a la inflación y la inestabilidad económica.

POR QUÉ EL BITCOIN ES IMPORTANTE HOY

Para entender por qué Bitcoin representa tal cambio, debemos examinar los problemas del sistema financiero actual. Durante siglos, la gente ha confiado en bancos y gobiernos para gestionar su dinero. Pero este control centralizado tiene muchos inconvenientes: elevadas comisiones, lentitud en las transacciones y, sobre todo, falta de privacidad.

Los sistemas financieros tradicionales funcionan con intermediarios -bancos, empresas de procesamiento de pagos y gobiernos- que controlan la forma en que el dinero circula por el mundo. Estos intermediarios cobran comisiones por sus servicios y pueden incluso bloquear o retrasar las transacciones si lo consideran oportuno. Este poder centralizado hace que el sistema sea vulnerable a la corrupción, la manipulación e incluso el colapso, como se ha visto durante las crisis financieras.

Bitcoin cambia las reglas devolviendo el control a las personas. Permite a las personas ser su propio banco, enviando y recibiendo pagos directamente entre sí sin intermediarios. Las transacciones son verificadas por una red descentralizada de ordenadores (llamados nodos) que trabajan juntos para confirmar la validez de las transacciones, haciendo que Bitcoin sea seguro y resistente al fraude. Esta naturaleza descentralizada es uno de los mayores puntos fuertes de Bitcoin: ninguna entidad puede controlarlo o cerrarlo.

Además, Bitcoin está disponible las 24 horas del día, los 7 días de la semana. A diferencia de los bancos, que cierran los fines de semana y festivos, las transacciones con Bitcoin pueden enviarse en cualquier momento y a cualquier lugar del mundo. Esto lo convierte en una herramienta increíblemente poderosa para la inclusión financiera, especialmente para los miles de millones de personas de los países en desarrollo que no tienen acceso a los bancos o están infrabancarizados.

EL AUGE DE LAS MONEDAS DIGITALES

En los años transcurridos desde el nacimiento de Bitcoin, las criptomonedas han pasado de ser un experimento de nicho para aficionados a convertirse en un fenómeno mundial. Hoy existen más de 10.000 criptomonedas diferentes, cada una de las cuales intenta resolver problemas distintos o mejorar el diseño original de Bitcoin.

El auge de las monedas digitales se ha visto impulsado por varios factores clave:

1 Creciente desconfianza en los sistemas financieros tradicionales: La crisis financiera de 2008 puso de manifiesto la fragilidad de bancos y gobiernos. Bitcoin nació de esta crisis como respuesta a la corrupción e inestabilidad del sistema existente.

2 Avances tecnológicos: La creciente disponibilidad de Internet de alta velocidad, los teléfonos inteligentes y la tecnología blockchain han facilitado el acceso, el comercio y el almacenamiento de criptomonedas.

3 Inclusión financiera: En muchos países en desarrollo, la gente no tiene acceso a los servicios bancarios básicos. Las criptomonedas ofrecen una solución al permitir que cualquier persona con un smartphone acceda a servicios financieros, eludiendo la banca tradicional.

4 Oportunidades de inversión: El crecimiento explosivo de Bitcoin y otras criptomonedas ha atraído a una oleada de inversores en busca de altos rendimientos. Los primeros usuarios de Bitcoin, que la compraron por unos céntimos, son ahora millonarios, lo que ha avivado el interés por la posibilidad de que otras criptomonedas ofrezcan rendimientos similares.

ENTENDER LO BÁSICO: BLOCKCHAIN Y EL ECOSISTEMA CRIPTOGRÁFICO

Antes de explorar el mundo de las criptomonedas, es fundamental entender la tecnología que las sustenta: la cadena de bloques o blockchain.

¿Qué es Blockchain?

Un blockchain es un libro de contabilidad digital descentralizado que registra todas las transacciones realizadas en una red informática. Se trata de una cadena de bloques en la que cada bloque contiene una lista de transacciones recientes. Una vez añadido a la cadena, un bloque es inmutable, es decir, no puede alterarse ni borrarse. Esto hace que la cadena de bloques sea increíblemente segura, ya que alterar una transacción requeriría el consentimiento de toda la red.

He aquí una sencilla analogía: imagine un libro en el que cada página representa un bloque y cada transacción es una línea escrita en esa página. Una vez que la página está llena de transacciones, queda permanentemente unida al libro. Si alguien intentara cambiar una sola línea, tendría que volver a escribir todas las páginas siguientes, lo que sería increíblemente difícil y llevaría mucho tiempo.

¿Cómo utiliza Bitcoin la cadena de bloques?

Bitcoin utiliza la tecnología blockchain para garantizar que las transacciones sean seguras, transparentes y a prueba de manipulaciones. Cada vez que usted envía Bitcoin a alguien, la transacción se transmite a la red, es verificada por los nodos y finalmente se añade a una cadena de bloques. Este proceso garantiza que nadie pueda gastar sus Bitcoins dos veces o crear transacciones falsas.

El ecosistema criptográfico

El mundo de las criptomonedas va mucho más allá del Bitcoin. He aquí un rápido repaso de algunos de los principales actores del ecosistema:

- **Altcoins**: Son criptomonedas alternativas lanzadas después del Bitcoin. Entre las altcoins más populares están Ethereum (ETH), Litecoin (LTC) y Ripple (XRP). Cada una tiene características y casos de uso únicos.

- **Monedas estables**: son criptomonedas vinculadas al valor de un activo estable, como el dólar estadounidense, para reducir la volatilidad. Algunos ejemplos son Tether (USDT) y USD Coin (USDC).

- **Finanzas descentralizadas** (DeFi): DeFi es un movimiento que pretende recrear los servicios financieros tradicionales (como préstamos, hipotecas e intercambios) utilizando la tecnología blockchain sin intermediarios. Es un espacio apasionante que ha crecido rápidamente, ofreciendo a los usuarios nuevas formas de ganar intereses, intercambiar activos y acceder a servicios financieros.

- Tokens no fungibles (NFT): Los NFT son activos digitales únicos que representan la propiedad de un objeto específico, como arte, música o bienes inmuebles virtuales. A diferencia de las criptomonedas, los NFT no pueden negociarse de forma individual, por lo que son perfectos para representar objetos digitales de colección poco comunes.

POR QUÉ LAS CRIPTOMONEDAS NO SON UNA MODA PASAJERA

Los escépticos suelen considerar que las criptomonedas son una moda pasajera, pero hay varias razones por las que han llegado para quedarse:

1 Descentralización: Los sistemas financieros tradicionales están centralizados y, por tanto, sujetos a la censura, el fraude y el control de unos pocos. Las criptomonedas, en cambio, están descentralizadas y devuelven el poder a los ciudadanos.

2 Limitación de la oferta: Bitcoin tiene una oferta fija de 21 millones de monedas, lo que lo convierte en un activo deflacionista. Esta oferta limitada es una de las razones por las que a menudo se hace referencia a Bitcoin como "oro digital" y una cobertura contra la inflación.

3 Adopción creciente: Grandes empresas como Tesla, PayPal e incluso bancos tradicionales como JPMorgan están adoptando las criptodivisas. Esta creciente aceptación indica que las monedas digitales están pasando de los márgenes a la corriente dominante.

4 Inclusión financiera y empoderamiento: Las criptomonedas tienen el potencial de cambiar el mundo proporcionando servicios financieros a los miles de millones de personas que actualmente no tienen acceso a los bancos tradicionales.

CONCEPTOS ERRÓNEOS SOBRE EL BITCOIN Y LAS CRIPTOMONEDAS

A pesar de su creciente popularidad, todavía existen muchos conceptos erróneos sobre Bitcoin y las criptodivisas. Aclaremos algunos de los mitos más comunes:

- **Bitcoin sólo lo utilizan los delincuentes**": Si es cierto que Bitcoin se ha utilizado para actividades ilegales, lo mismo puede decirse del dinero en efectivo, las tarjetas de crédito e incluso la banca tradicional. De hecho, la transparencia de la cadena de bloques facilita a las fuerzas de seguridad el seguimiento de actividades ilícitas en comparación con la opacidad de las transacciones en efectivo.

- **Bitcoin es demasiado volátil para tomarlo en serio**": Es cierto que el precio de Bitcoin puede experimentar enormes fluctuaciones, pero también ha demostrado una notable resistencia a lo largo de los años. Los inversores a largo plazo que han mantenido Bitcoin a pesar de la volatilidad han obtenido ganancias sustanciales.

- Bitcoin **es una burbuja que explotará**": Los escépticos han declarado muerto al Bitcoin cientos de veces, pero sigue creciendo y prosperando. Aunque ha habido burbujas y correcciones, Bitcoin ha mostrado una trayectoria ascendente constante durante la última década.

INICIARSE EN BITCOIN

Si el potencial de Bitcoin y las criptodivisas le intriga, la buena noticia es que empezar es más fácil que nunca. Tanto si quieres invertir, utilizarlas para pagos o simplemente aprender más sobre esta revolucionaria tecnología, los próximos capítulos te guiarán paso a paso por el proceso.

En capítulos posteriores, profundizaremos en cómo funciona Bitcoin, cómo comprarlo y almacenarlo de forma segura, y cómo protegerse de las estafas. Tanto si es nuevo en el mundo de las criptodivisas como si ya tiene cierta experiencia, este libro le proporcionará los conocimientos necesarios para navegar con seguridad por el mundo de los activos digitales.

El futuro del dinero es la moneda digital". - Bill Gates

1

LA EVOLUCIÓN DEL DINERO: DEL ORO AL BITCOIN

BREVE HISTORIA DEL DINERO

Para comprender plenamente el impacto revolucionario de Bitcoin, es esencial trazar la historia del dinero y su evolución a lo largo del tiempo. En esencia, el dinero es una herramienta que facilita el intercambio de valor entre las personas. Sin embargo, los tipos de moneda y los sistemas de gestión se han transformado radicalmente a lo largo de los siglos.

Primeras formas de dinero

Antes de la introducción del dinero, la gente recurría al trueque para intercambiar bienes y servicios. Por ejemplo, alguien que poseyera excedentes de grano y necesitara herramientas podía intercambiarlos con alguien que tuviera herramientas pero buscara grano. Sin embargo, el trueque presentaba un problema importante: la "doble coincidencia de deseos", es decir, ambas partes debían tener lo que la otra deseaba.

Para resolver las ineficiencias del trueque, la gente empezó a utilizar **dinero-mercancías, es decir, objetos** con valor intrínseco como la sal, las conchas o el ganado. Sin embargo, las mercancías tenían sus limitaciones: a menudo eran pesadas, perecederas o difíciles de transportar. Esto condujo a la introducción de formas más prácticas de dinero, como las monedas de metal, que simplificaron el comercio.

La subida del oro y los metales preciosos

El oro y la plata se convirtieron en formas populares de dinero debido a su durabilidad, divisibilidad y relativa escasez. Antiguas civilizaciones como la egipcia y la romana utilizaban monedas de oro como medio de intercambio y depósito de valor. **El valor intrínseco del oro** y su aceptación universal lo convirtieron en un medio ideal para el comercio.

El concepto de dinero tal y como lo conocemos hoy empezó a tomar forma con la introducción de **las monedas**. Los gobiernos y gobernantes acuñaban monedas y garantizaban su valor imprimiéndoles sellos oficiales. Sin embargo, a medida que las economías se expandían y el comercio mundial se hacía más complejo, el transporte de pesadas bolsas de monedas se volvió poco práctico.

LOS PROBLEMAS DE LOS BANCOS TRADICIONALES Y EL DINERO FIDUCIARIO

El siguiente acontecimiento importante en la historia del dinero fue la introducción de **la moneda fiduciaria,** que tiene valor porque el gobierno la declara de curso legal. A diferencia del oro, la moneda fiduciaria no tiene valor intrínseco. Su valor se basa únicamente en la confianza en el gobierno que la emite.

El nacimiento del papel moneda

Para superar el inconveniente de llevar monedas, los gobiernos empezaron a emitir **papel moneda** en forma de billetes. Al principio, estos billetes estaban respaldados por reservas de oro, lo que significaba que podían canjearse por una cantidad fija de oro. Este sistema, conocido como **Patrón Oro**, contribuyó a mantener el valor del papel moneda.

Sin embargo, durante el siglo XX, especialmente después de la Segunda Guerra Mundial, muchos países empezaron a abandonar el patrón oro. En 1971, Estados Unidos, bajo la presidencia de Nixon, desvinculó completamente el dólar del oro, convirtiéndolo de hecho en una **moneda**

fiduciaria. Este cambio permitió a los gobiernos imprimir dinero a voluntad, introduciendo nuevos retos.

El lado oscuro del dinero fiduciario

El dinero fiduciario ha dado a los gobiernos más control sobre la economía, pero también ha provocado problemas como **la inflación** y la **devaluación de la moneda**. Cuando los gobiernos imprimen demasiado dinero, el valor de la moneda disminuye, provocando una subida de los precios, un fenómeno conocido como inflación. Este fenómeno erosiona el poder adquisitivo de los ahorros de la gente.

Los ejemplos de hiperinflación en países como Zimbabue y Venezuela ilustran los peligros del dinero fiduciario. Cuando la confianza en la capacidad del gobierno para gestionar la economía se desploma, también lo hace el valor del dinero. La gente se encuentra con dinero que vale menos cada día que pasa.

Además, el sistema bancario tradicional está centralizado, lo que significa que bancos y gobiernos tienen control sobre tu dinero. Pueden bloquear cuentas, limitar retiradas o incluso confiscar fondos en tiempos de crisis, como ocurrió en Chipre en 2013.

CÓMO RESUELVE BITCOIN ESTOS PROBLEMAS

Bitcoin se concibió como una respuesta directa a los defectos y vulnerabilidades de los sistemas bancarios tradicionales y la moneda fiduciaria. Pero, ¿cómo aborda estos problemas?

Bitcoin como "oro digital

El bitcoin suele denominarse **"oro digital"** porque comparte muchas de las características que han hecho del oro un depósito de valor fiable:

- **Escasez**: Sólo habrá 21 millones de Bitcoins. Este límite de oferta está codificado en el software de Bitcoin y no puede modificarse, por lo que es inmune a la inflación.

- **Durabilidad**: A diferencia de las monedas fiduciarias que pueden imprimirse a voluntad, Bitcoin no puede falsificarse ni destruirse. Existe enteramente en el ámbito digital, lo que significa que no está sujeto a deterioro físico.

- **Transportabilidad**: Mover oro a través de las fronteras es complicado y caro. Bitcoin, en cambio, puede enviarse instantáneamente a cualquier parte del mundo por una fracción del coste.

Descentralización: un nuevo paradigma financiero

Una de las características más revolucionarias de Bitcoin es su **naturaleza descentralizada**. A diferencia de las monedas tradicionales controladas por bancos centrales, Bitcoin funciona en una **red entre iguales**. Esto significa que ninguna entidad, gobierno u organización tiene control sobre ella.

La naturaleza descentralizada de Bitcoin lo hace resistente a la censura, la confiscación y la manipulación. Permite a los individuos tomar el control total de su riqueza, libres de las restricciones y comisiones de los sistemas bancarios tradicionales.

Transparencia y seguridad

Las transacciones en Bitcoin se registran en un **libro de contabilidad público** llamado blockchain, visible para cualquiera. Esta transparencia hace que Bitcoin sea altamente seguro y prácticamente imposible de manipular. Una vez que una transacción se registra en la cadena de bloques, no puede alterarse ni borrarse. Este nivel de seguridad se consigue sin necesidad de bancos ni intermediarios.

DESCENTRALIZACIÓN: LA TRANSFERENCIA DE PODER

El sistema descentralizado de Bitcoin representa un **traspaso** de poder de las autoridades centralizadas a los individuos. En un mundo en el que bancos y gobiernos controlan el flujo de dinero, Bitcoin ofrece a los ciudadanos una forma de recuperar su soberanía financiera.

Cómo funciona la descentralización

Bitcoin utiliza una tecnología llamada **blockchain**, que presentamos en el capítulo anterior. En lugar de depender de una autoridad central para validar las transacciones, Bitcoin utiliza una red de ordenadores (llamados nodos) para llegar a un consenso sobre la validez de las transacciones. Este proceso se conoce como **minería** y garantiza que cada transacción sea precisa y segura.

Cuando se envía Bitcoin, la transacción se transmite a la red, es verificada por los mineros y se añade a un nuevo bloque de la cadena de bloques. Este proceso de verificación descentralizado hace casi imposible que alguien altere o elimine una transacción.

Ventajas de la descentralización

La naturaleza descentralizada de Bitcoin ofrece varias ventajas:

- **Seguridad**: Sin un punto de control central, Bitcoin es mucho menos vulnerable a la piratería informática o a la interferencia gubernamental.

- **Resistencia a la censura**: Dado que ninguna entidad controla la red, las transacciones de Bitcoin no pueden ser censuradas ni bloqueadas. Esto es especialmente importante en países donde los gobiernos restringen el acceso a los bancos o censuran las actividades financieras.

- **Inclusión financiera**: la descentralización permite a cualquier persona con conexión a Internet acceder a Bitcoin, lo que abre las puertas de los servicios financieros a millones de personas no bancarizadas en todo el mundo.

EL PAPEL DEL BITCOIN EN LA ECONOMÍA ACTUAL

Aunque todavía está en pañales, Bitcoin ya ha empezado a tener un impacto significativo en la economía mundial. Exploramos algunas de las formas en que se utiliza Bitcoin en la actualidad.

Bitcoin como depósito de valor

Debido a su oferta limitada y a su naturaleza descentralizada, Bitcoin se considera cada vez más un **depósito de valor**, similar al oro. Los inversores utilizan Bitcoin para protegerse de la inflación, la incertidumbre económica y la devaluación de las monedas fiduciarias.

En países como Argentina, Turquía y Venezuela, donde la inflación es galopante, los ciudadanos recurren a Bitcoin para proteger su patrimonio. En estos lugares, Bitcoin no es solo una inversión especulativa: es un salvavidas.

Remesas y pagos transfronterizos

Uno de los usos más prácticos de Bitcoin **son las remesas, es decir, el** dinero que envían los trabajadores inmigrantes a sus familias en otros países. Los servicios tradicionales de envío de remesas, como Western Union, cobran comisiones elevadas y pueden tardar días en procesarse. Bitcoin permite enviar dinero al instante, con comisiones mínimas, por lo que es una alternativa atractiva para los pagos transfronterizos.

Bitcoin en el comercio electrónico y minorista

Cada vez más empresas están empezando a aceptar Bitcoin como forma de pago. Grandes empresas como Microsoft, Overstock e incluso algunas cafeterías locales aceptan ahora Bitcoin. La creciente adopción de Bitcoin en el comercio electrónico demuestra que se está convirtiendo en una opción viable para las transacciones cotidianas.

EL FUTURO DEL DINERO: ¿ES BITCOIN EL PUNTO FINAL?

Bitcoin aún está evolucionando, pero está claro que ya ha trastocado el sistema financiero tradicional. La gran pregunta es: ¿se **convertirá Bitcoin en el futuro del dinero?**

Aunque nadie puede predecir el futuro con certeza, las propiedades únicas de Bitcoin -escasez, descentralización y seguridad- lo sitúan como un fuerte contendiente en la evolución del dinero. Tanto si Bitcoin se convierte en una moneda de reserva global como si se queda en un activo de nicho, su impacto en el mundo es innegable.

Retos potenciales

A pesar de su potencial, Bitcoin se enfrenta a varios retos:

- **Incertidumbre regulatoria**: los gobiernos de todo el mundo todavía están intentando averiguar cómo regular Bitcoin. Algunos países, como El Salvador, lo han adoptado, mientras que otros lo han prohibido por completo.

- **Escalabilidad**: La red de Bitcoin sólo puede procesar un número limitado de transacciones por segundo. A medida que aumenta la adopción, la necesidad de soluciones para aumentar la escalabilidad, como la Lightning Network, se hace más acuciante.

- Preocupaciones medioambientales: La minería de Bitcoin consume una cantidad significativa de energía, lo que suscita las críticas de los ecologistas. Sin embargo, se están haciendo esfuerzos para cambiar a fuentes de energía más sostenibles para las operaciones mineras.

Bitcoin es una proeza tecnológica". - Bill Gates

2

CÓMO FUNCIONAN LAS BITCOINS: LA TECNOLOGÍA QUE HAY TRAS ELLAS

¿QUÉ ES LA TECNOLOGÍA BLOCKCHAIN?

Para entender Bitcoin, primero debemos explorar la tecnología que lo impulsa: el **blockchain**. Aunque el término pueda parecer complejo, el concepto que hay detrás es bastante sencillo. La cadena de bloques **es un libro de contabilidad digital descentralizado** que registra las transacciones en una red informática de forma segura, transparente y a prueba de manipulaciones.

Aspectos básicos de Blockchain

Imagine una cadena de bloques como un libro digital en el que cada página es un "bloque" con una lista de transacciones. Una vez rellenada una página (bloque), se sella, se estampa con una marca de tiempo y se vincula a la página anterior. Esta cadena de bloques forma un **registro permanente** que no puede alterarse sin cambiar cada bloque sucesivo, por lo que es casi imposible de manipular.

A diferencia de las bases de datos tradicionales, controladas por una única entidad, la cadena de bloques **está descentralizada**. Esto significa que, en lugar de almacenar la información en un servidor central, las copias de la cadena de bloques se distribuyen en una red de ordenadores (nodos). Cada nodo tiene una copia de toda la cadena de bloques y todos los nodos trabajan juntos para verificar las nuevas transacciones. Esta estructura descentralizada garantiza que ninguna entidad pueda controlar o alterar los datos.

Principales características de Blockchain

- **Descentralización**: las bases de datos tradicionales dependen de una autoridad central para gestionar los datos. En cambio, una cadena de bloques funciona en una red entre pares en la que ninguna entidad tiene el control.

- **Transparencia**: Todas las transacciones de una cadena de bloques son visibles públicamente. Aunque las identidades detrás de las transacciones siguen siendo seudónimas, cualquiera puede ver los detalles del historial de transacciones.

- **Inmutabilidad**: Una vez que una transacción se registra en la cadena de bloques, no puede modificarse ni borrarse. Esto hace que el sistema sea muy seguro y resistente al fraude.

- **Seguridad**: Blockchain utiliza técnicas criptográficas avanzadas para proteger los datos. Cada bloque está protegido por un hash criptográfico que garantiza que los datos no puedan alterarse sin ser detectados.

MINERÍA: CÓMO SE EXTRAEN LOS BITCOINS

Una vez comprendido el blockchain, pasemos a analizar cómo se generan nuevos Bitcoins: un proceso conocido como **minería**.

¿Qué es la minería de Bitcoin?

La minería de Bitcoin es el proceso por el que se ponen en circulación nuevos Bitcoins. Sin embargo, no es tan sencillo como imprimir nuevos billetes o acuñar nuevas monedas. La minería de Bitcoin consiste en resolver complejos rompecabezas matemáticos para validar transacciones y añadir nuevos bloques a la cadena de bloques. Los mineros son recompensados con nuevos Bitcoins por sus esfuerzos, lo que les incentiva a contribuir a la potencia de cálculo de la red.

El papel de la minería va más allá de la simple creación de nuevas monedas. Los mineros también desempeñan un papel crucial en la seguridad de la red.

Al resolver enigmas, los mineros confirman la validez de las transacciones, lo que evita el doble gasto y garantiza que solo se añadan a la cadena de bloques las transacciones legítimas.

El proceso de extracción explicado

He aquí una descripción simplificada, paso a paso, de cómo funciona la minería de Bitcoin:

1 Transmisión de transacciones: Cuando alguien envía Bitcoin, la transacción se transmite a la red. Incluye detalles como las direcciones Bitcoin del emisor y el receptor, la cantidad enviada y una firma digital para su verificación.

2 Validación de las transacciones: Los mineros recopilan estas transacciones en un "bloque" y comienzan a verificarlas. Cada transacción debe cumplir unos criterios específicos para ser considerada válida.

3 Resolver el rompecabezas: para añadir una cadena de bloques a la cadena de bloques, los mineros deben resolver un complejo problema matemático llamado **rompecabezas hash**. Este rompecabezas es difícil de resolver pero fácil de verificar. Requiere una potencia de cálculo considerable, por lo que la minería consume mucha energía.

4 Confirmación del bloque: Una vez que un minero resuelve el puzzle, transmite su solución a la red. Los demás nodos verifican la solución y, si se confirma, el bloque se añade a la blockchain.

5 Recompensa: El primer minero que resuelve el puzzle es recompensado con Bitcoins de nueva creación, además de las tasas de transacción incluidas en el bloque. Esta **recompensa** se conoce como **recompensa del bloque**.

El concepto de halving (reducción a la mitad)

Para controlar la oferta de Bitcoin e imitar la escasez de metales preciosos como el oro, Bitcoin cuenta con un mecanismo llamado **reducción a la mitad**. Cada cuatro años aproximadamente, la recompensa que reciben los mineros por añadir un nuevo bloque se reduce a la mitad. Cuando se lanzó Bitcoin, la recompensa era de 50 BTC por bloque. Desde entonces se ha reducido a la mitad varias veces y, a partir de 2024, la recompensa será de 3,125 BTC por bloque.

La reducción a la mitad garantiza que la oferta total de Bitcoin se limite a 21 millones de monedas. Esta oferta limitada es una de las razones por las que a menudo se hace referencia a Bitcoin como "oro digital".

REDES DESCENTRALIZADAS Y TRANSACCIONES ENTRE PARES

Uno de los aspectos más revolucionarios de Bitcoin es su **red descentralizada**, que permite **las transacciones entre iguales (P2P)**. Pero, ¿qué significa esto y por qué es importante?

Entender la descentralización

En los sistemas financieros tradicionales, los bancos y los procesadores de pagos actúan como intermediarios, gestionando y verificando las transacciones. Este modelo centralizado es eficiente, pero tiene varios inconvenientes, como las comisiones, los retrasos y el riesgo de censura.

Bitcoin elimina la necesidad de intermediarios al utilizar una red descentralizada. En un sistema P2P, los usuarios pueden enviar y recibir pagos directamente entre sí sin pasar por un banco. La propia red valida y confirma las transacciones, garantizando su legitimidad.

Cómo funcionan las transacciones entre iguales

Cuando usted envía Bitcoin a alguien, la transacción se transmite a la red y se añade a un conjunto de transacciones no confirmadas llamado **mempool**. A continuación, los mineros eligen transacciones de la mempool, las validan y las añaden a un nuevo bloque de la blockchain. Una vez que una transacción se incluye en un bloque, se considera confirmada.

Este enfoque descentralizado ofrece varias ventajas:

- Comisiones **más bajas**: Al eliminar intermediarios, las transacciones con Bitcoin suelen tener comisiones más bajas que los sistemas de pago tradicionales, especialmente para transferencias internacionales.

- **Procesamiento más rápido**: a diferencia de los bancos, que pueden tardar varios días en procesar pagos transfronterizos, las transacciones con Bitcoin pueden completarse en tan sólo 10 minutos (el tiempo que se tarda en confirmar un nuevo bloque).

- **Resistencia a la censura**: Al no existir una autoridad central que controle la red, las transacciones de Bitcoin no pueden ser censuradas ni bloqueadas.

EXPLICACIÓN DE LAS CLAVES PÚBLICA Y PRIVADA

Para entender completamente cómo funciona Bitcoin, es esencial comprender el concepto de **claves públicas y privadas**. Estas herramientas criptográficas son esenciales para proteger su Bitcoin y garantizar que solo usted pueda acceder a él.

¿Qué son las claves pública y privada?

- **Clave pública**: Piense en ella como si fuera su número de cuenta bancaria. Es un identificador único que puede compartir con otros para recibir Bitcoin. Sin embargo, la clave pública por sí sola no puede utilizarse para acceder a sus fondos.

- **Clave privada**: Es más similar a un código PIN. Es un número secreto que le permite acceder a Bitcoins y autorizar transacciones. Si alguien se hace con tu clave privada, puede acceder a tus Bitcoins y gastarlos.

Cómo trabajan juntos

Al crear un monedero Bitcoin, se genera un par de claves criptográficas: una clave pública y una clave privada. Así es como funcionan:

1 Recibir Bitcoin: Para recibir Bitcoin, usted proporciona su clave pública (o una versión cifrada, conocida como dirección Bitcoin) al remitente. El remitente utiliza esta dirección para transferir Bitcoin a su monedero.

2 **Envío de** Bitcoin: Para enviar Bitcoin, usted firma la transacción con su clave privada. Esta firma prueba que el Bitcoin gastado es de su propiedad y que la transacción no ha sido alterada. La red utiliza la clave pública para verificar la autenticidad de la firma.

Proteger las llaves

La clave privada es el dato más crítico del monedero Bitcoin. Si la pierde, perderá el acceso a sus fondos: no hay forma de recuperarla. Por eso es esencial almacenar la clave privada de forma segura, preferiblemente utilizando un **monedero frío** (un monedero físico no conectado a Internet) para mayor protección.

EL PAPEL DE LOS NODOS EN LA RED BITCOIN

Cabe preguntarse cómo garantiza Bitcoin su seguridad e integridad sin una autoridad central. Aquí es donde entran en juego **los nodos**. Los nodos son la columna vertebral de la red Bitcoin, responsables de la verificación y propagación de las transacciones.

¿Qué son los nodos?

Un nodo es cualquier ordenador conectado a la red Bitcoin que sigue las reglas del protocolo. Hay diferentes tipos de nodos, pero los más importantes son los nodos **completos**, que guardan una copia completa de la cadena de bloques. Los nodos completos validan cada transacción y bloque, asegurándose de que cumplen con las reglas de Bitcoin.

Cómo mantienen los nodos la seguridad de la red

- **Verificación de transacciones**: Los nodos verifican la legitimidad de cada transacción antes de añadirla a un bloque. Esto evita problemas como el doble gasto.

- **Consenso descentralizado**: Los nodos trabajan juntos para alcanzar un consenso sobre el estado de la blockchain. Si alguien intenta alterar una transacción pasada, los demás nodos rechazan el cambio, manteniendo la integridad de la red.

- **Bifurcaciones**: Si surge un desacuerdo sobre las reglas dentro de la red, puede producirse **una bifurcación, es decir, una** división de la blockchain. Así nacieron nuevas criptomonedas como Bitcoin Cash.

LAS BASES DEL ÉXITO DE BITCOIN

Entender cómo funciona Bitcoin a nivel técnico revela por qué es una tecnología tan revolucionaria. Combinando blockchain, criptografía, redes descentralizadas y minería, Bitcoin ofrece una forma segura, transparente y resistente a la censura de transferir valor.

El siguiente capítulo se centrará en **cómo empezar con los intercambios de criptodivisas y los monederos**, guiándole a través del proceso de compra, venta y almacenamiento seguro de su primer Bitcoin. Tanto si desea invertir, utilizar Bitcoin para transacciones o simplemente profundizar en la tecnología, los próximos capítulos le proporcionarán consejos prácticos paso a paso.

Los tiempos están cambiando". - Bob Dylan

3

COMPRENDER LOS INTERCAMBIOS CRIPTOCURRENOS Y LOS PORTFOLIOS

¿QUÉ SON LAS BOLSAS DE CRIPTOMONEDAS?

Para poder comprar, vender o intercambiar Bitcoin y otras criptomonedas, es necesario utilizar una **bolsa de criptomonedas**. Una bolsa de criptomonedas es una plataforma digital en la que puede comprar, vender o intercambiar criptomonedas con otros activos digitales o con monedas fiduciarias tradicionales como el dólar estadounidense o el euro.

Tipos de bolsas de criptomonedas

Existen diferentes tipos de bolsas de criptomonedas, cada una de las cuales satisface necesidades específicas y ofrece características diferentes. Comprender las diferencias entre ellos le ayudará a elegir el intercambio adecuado para sus necesidades.

1 Centralizadas Centralizadas (CEX): Son las plataformas más populares y extendidas para el comercio de criptodivisas. Las bolsas centralizadas funcionan como las bolsas tradicionales, en las que un tercero (la propia bolsa) actúa como intermediario entre compradores y vendedores. Entre las bolsas centralizadas más populares se encuentran Coinbase, Binance, Kraken y Bitfinex.

Pros: Facilidad de uso, gran liquidez, acceso a una amplia gama de pares de negociación y funciones avanzadas para operadores experimentados.

Contras: no son tan seguras como las bolsas descentralizadas porque guardan los fondos en sus monederos, lo que las convierte en objetivos atractivos para los piratas informáticos.

2 Bolsas descentralizadas (DEX): A diferencia de las bolsas centralizadas, las bolsas descentralizadas operan de igual a igual sin una autoridad central. Las DEX permiten a los usuarios operar directamente desde sus carteras, sin tener que depositar fondos en la bolsa. Algunos ejemplos son Uniswap, SushiSwap y PancakeSwap.

Pros: Más privacidad, más seguridad al tener el control de sus fondos y no tener que depender de terceros.

Contras: menor liquidez que CEX, pares de negociación limitados e interfaces en general menos fáciles de usar.

3 Bolsas híbridas: Su objetivo es combinar las mejores características de las bolsas centralizadas y descentralizadas. Ofrecen la comodidad y liquidez de las bolsas centralizadas, al tiempo que proporcionan la seguridad y privacidad de las bolsas descentralizadas.

Elegir la bolsa adecuada para usted

A la hora de elegir una casa de cambio de criptomonedas, deben tenerse en cuenta los siguientes factores:

- Seguridad: Busque bolsas con fuertes medidas de seguridad, como la autenticación de dos factores (2FA), el almacenamiento en frío de fondos y una buena reputación en la protección de los recursos de los usuarios.

- **Interfaz de usuario**: Si eres principiante, opta por una bolsa con una interfaz sencilla e intuitiva, como Coinbase o Kraken. Los usuarios más experimentados pueden preferir bolsas como Binance, que ofrecen funciones avanzadas de negociación.

- **Comisiones**: Las bolsas cobran diversas comisiones, incluidas las de negociación, retirada y depósito. Asegúrate de revisar la estructura de comisiones antes de elegir una bolsa.

- **Divisas admitidas**: Asegúrate de que la bolsa admite las criptomonedas específicas que deseas comprar, vender o intercambiar.

- **Atención al cliente**: Un buen servicio de atención al cliente es esencial, sobre todo si tienes problemas o necesitas ayuda con tu cuenta.

CÓMO ELEGIR LA BOLSA ADECUADA

Cuando eres nuevo en el mundo de las criptomonedas, elegir el exchange adecuado puede parecer abrumador. Aquí tienes una guía paso a paso para ayudarte a encontrar el mejor exchange para tus necesidades.

Paso 1: Evalúe sus necesidades

- **Fácil de usar**: si eres nuevo en el mundo de las criptomonedas, busca una plataforma fácil de usar como Coinbase, Gemini o Kraken. Estas bolsas ofrecen interfaces sencillas y recursos educativos.

- **Funciones avanzadas de negociación**: Si te interesan estrategias de negociación más complejas (como futuros o negociación con margen), considera plataformas como Binance o Bitfinex.

-**Privacidad y seguridad**: para los usuarios preocupados por la privacidad, las bolsas descentralizadas como Uniswap o PancakeSwap son ideales. Permiten realizar intercambios directamente desde el monedero sin compartir información personal.

Paso 2: Búsqueda de elementos de seguridad

-Busque bolsas que almacenen la mayoría de sus activos en **frío** (carteras offline) para protegerse de los hackers.

-Asegúrese de que la bolsa ofrece **autenticación de dos factores (2FA)** para mejorar la seguridad de la cuenta.

-Compruebe si existen pólizas de seguro que protejan los fondos de los usuarios en caso de fallo de seguridad.

Paso 3: Verificación del cumplimiento de la normativa

Algunas bolsas, especialmente las que tienen su sede en EE.UU., están reguladas y se adhieren a estrictas políticas de **Conozca a su Cliente (KYC)** y **Anti Blanqueo de Dinero (AML)**. Si el cumplimiento normativo es su prioridad, elija bolsas como Coinbase o Kraken, que operan bajo estrictas directrices.

CREACIÓN DE LA PRIMERA CARTERA

Una vez elegida la casa de cambio, el siguiente paso es crear una **cartera de criptomonedas**. Un monedero es una herramienta digital para almacenar, enviar y recibir criptodivisas de forma segura.

Tipos de carteras: almacenamiento en caliente o en frío

Existen dos tipos principales de monederos: los monederos calientes y los monederos fríos. La elección entre uno y otro depende de tus necesidades de accesibilidad y seguridad.

1 Cartera caliente:

Estas aplicaciones están conectadas a Internet y, por tanto, resultan cómodas para operar y realizar transacciones con frecuencia. Algunos ejemplos son aplicaciones móviles como Exodus, Mycelium y MetaMask.

Pros: facilidad de uso, acceso rápido a los fondos, ideal para pequeños importes y transacciones cotidianas.

Contras: son más vulnerables a los ataques de hackers y phishing porque siempre están en línea.

2 Carteras frías:

Se trata de carteras offline que no están conectadas a Internet, lo que las hace mucho más seguras. Los tipos más populares de monederos fríos son los monederos de hardware como Ledger Nano S, Trezor y los monederos de papel.

Pros: Alta seguridad, lo mejor para el almacenamiento a largo plazo de grandes cantidades.

Contras: menos conveniente para el comercio frecuente, requiere acceso físico al dispositivo.

Crear una cartera: Guía paso a paso

A continuación se explica cómo crear un monedero de criptomoneda:

1 Elija el tipo de cartera: Decida si desea una cartera cálida para mayor comodidad o una cartera fría para máxima seguridad.

2 Descargar e instalar: Si utiliza un monedero electrónico, descárguelo de una fuente fiable (como el sitio web oficial o la tienda de aplicaciones). Si se trata de un monedero físico, cómpralo a un proveedor de confianza.

3 Crear un nuevo monedero: Siga las instrucciones para configurar su monedero. Se te proporcionará una **frase semilla** (una serie de 12 a 24 palabras) que sirve como copia de seguridad para recuperar tu monedero en caso de que pierdas el acceso.

4 Asegura tu frase semilla: Escribe tu frase semilla en un papel y guárdala en un lugar seguro. Nunca la compartas en Internet ni con otras personas. Si alguien tiene acceso a tu frase inicial, puede robarte los fondos.

5 Activar la autenticación de dos factores (2FA): Para mayor seguridad, activa la 2FA si tu monedero la admite.

CÓMO MANTENER SEGURAS LAS CRIPTOMONEDAS

Poseer criptomonedas también conlleva la responsabilidad de **mantener los activos a salvo**. Estas son algunas prácticas básicas de seguridad a seguir:

Copia de seguridad de la cartera

Hacer una copia de seguridad de la cartera es crucial. Si el dispositivo se pierde, se daña o lo roban, aún es posible acceder a los fondos utilizando la frase inicial. Sin embargo, si se pierde la frase inicial, no hay forma de recuperar los fondos.

Utilizar la autenticación de dos factores (2FA)

Habilita 2FA en tu cuenta de intercambio y monedero siempre que sea posible. Esto añade una capa adicional de protección al requerir no solo tu contraseña, sino también un código generado por una aplicación como Google Authenticator.

Cuidado con las estafas de phishing

Los estafadores se hacen pasar a menudo por monederos y carteras populares, engañando a los usuarios para que introduzcan sus datos de acceso en sitios web falsos. Comprueba siempre la URL antes de iniciar sesión y evita hacer clic en enlaces sospechosos de correos electrónicos.

Evitar las redes Wi-Fi públicas

Evita acceder a tu monedero de criptomoneda o cuenta de intercambio a través de redes Wi-Fi públicas, que son vulnerables a los hackers. Si es necesario, utiliza una **red privada virtual (VPN)** para cifrar tu conexión a Internet.

Utilización de una cartera de hardware para el archivo a largo plazo

Si tienes una cantidad significativa de criptomonedas, guárdalas en una cartera física. Es la forma más segura de proteger tus fondos de hackers y ciberataques.

ERRORES COMUNES QUE HAY QUE EVITAR

Cuando empiezas a jugar con criptodivisas, es fácil cometer errores que podrían costarte dinero. Estos son algunos de los escollos más comunes que debes evitar:

Error nº 1: dejar los fondos en bolsa

Los intercambios son convenientes para comerciar, pero no son el lugar más seguro para almacenar criptomonedas a largo plazo. Transfiere siempre tus fondos a un monedero cuyas claves privadas controles.

Error nº 2: No proteger la frase fuente

Su sentencia inicial es la llave de su cartera. Si alguien accede a ella, puede robar tus fondos. Nunca guardes tu frase inicial en tu ordenador, teléfono o almacenamiento en la nube.

Error nº 3: caer en estafas e intentos de phishing

Tenga cuidado con los correos electrónicos, mensajes o publicaciones en redes sociales no solicitados que afirman ofrecer oportunidades de inversión o preguntan por su cartera. Los estafadores evolucionan constantemente sus tácticas.

Ahora que ya sabe cómo funcionan los intercambios de criptodivisas y los monederos, está preparado para dar sus primeros pasos en el mundo de Bitcoin y los activos digitales. En el siguiente capítulo le guiaremos paso a paso a través del proceso de **compra de Bitcoin**, ayudándole a realizar su primera compra con seguridad y confianza.

Si dominas los conceptos básicos de los intercambios y las carteras, estarás en el buen camino para convertirte en un usuario experimentado de criptodivisas. Recuerde que la clave del éxito en el ámbito de las criptomonedas es **la educación, la seguridad y la paciencia**.

Invertir en conocimiento genera los mejores intereses". - Benjamin Franklin

4

COMPRAR BITCOIN: GUÍA PASO A PASO

CÓMO COMPRAR BITCOIN POR PRIMERA VEZ

Ahora que tiene un conocimiento básico de los intercambios y carteras de criptodivisas, está preparado para dar el siguiente paso: comprar Bitcoin. Para los principiantes, el proceso puede parecer intimidante, pero con una hoja de ruta clara, es más fácil de lo que piensa Este capítulo le guiará paso a paso, ayudándole a comprar Bitcoin con confianza y comenzar su viaje en el mundo de las criptodivisas.

¿Por qué comprar Bitcoin?

Antes de profundizar en los pasos técnicos, es esencial entender por qué quiere comprar Bitcoin:

- **Cobertura** contra **la inflación**: El suministro fijo de 21 millones de monedas convierte a Bitcoin en una buena cobertura contra la inflación, especialmente en tiempos de incertidumbre económica.

- **Activo descentralizado**: Bitcoin opera independientemente de cualquier banco central o gobierno, ofreciendo soberanía financiera y control sobre la riqueza de cada uno.

- **Potencial de alta rentabilidad**: Históricamente, Bitcoin ha superado a activos tradicionales como las acciones, los bonos y los bienes inmuebles, lo que lo convierte en una opción atractiva para los inversores a largo plazo.

- **Diversificación**: Añadir Bitcoin a su cartera de inversiones puede diversificar sus participaciones y reducir el riesgo.

ELEGIR EL MÉTODO DE PAGO ADECUADO

La primera decisión que hay que tomar al comprar Bitcoin es la elección del **método de pago**. Cada método de pago tiene sus propias ventajas, costes y tiempo de procesamiento.

Métodos de pago populares para comprar Bitcoin

1 Tarjeta de crédito o débito

Pros: Rápido y cómodo. Puedes comprar Bitcoin al instante en la mayoría de las bolsas.

Contras: comisiones más elevadas (normalmente del 3-5%). Algunos bancos pueden bloquear las transacciones con criptodivisas.

2 Transferencia bancaria (ACH o transferencia bancaria)

Pros: comisiones más bajas que las de las tarjetas de crédito, especialmente para las compras más grandes.

Contras: tiempo de tramitación más lento (1-5 días laborables). Algunos bancos pueden exigir comprobaciones adicionales.

3 PayPal

Pros: Fácil para quienes ya utilizan PayPal. Transacciones instantáneas.

Contras: limitado a algunas plataformas, como el servicio de criptomonedas de PayPal o los intercambios que aceptan PayPal.

4 Pago entre particulares (P2P)

Pros: Ofrece privacidad y la posibilidad de negociar precios. Plataformas como LocalBitcoins ponen en contacto directo a compradores y vendedores.

Contras: riesgo potencial de fraude. Utiliza siempre plataformas fiables y comprueba las opiniones de los usuarios.

5 Efectivo

Pros: Completamente anónimo. Servicios como los cajeros automáticos Bitcoin y las plataformas P2P facilitan las compras en efectivo.

Contras: costes más elevados y disponibilidad limitada. Riesgo de estafas si se compra a vendedores desconocidos.

ELEGIR UNA PLATAFORMA DE INTERCAMBIO FIABLE

Una vez decidido el método de pago, el siguiente paso es elegir una plataforma de intercambio fiable. Como se explica en el capítulo anterior, la plataforma adecuada depende de tus necesidades, tu nivel de experiencia y tu ubicación.

Bolsas recomendadas para principiantes

1 Coinbase

Pros: interfaz fácil de usar, seguro, regulado por EE.UU.

Contras: comisiones más elevadas que algunos competidores, especialmente para las transacciones más pequeñas.

2 Kraken

Pros: comisiones más bajas, sólidas funciones de seguridad, compatibilidad con una amplia gama de criptomonedas.

Contras: la interfaz puede resultar más compleja para los principiantes.

3 Binance

Pros: Alta liquidez, bajas comisiones de negociación, amplia gama de altcoins.

Contras: control normativo en algunas regiones. Binance.US, por ejemplo, tiene menos funciones que su homólogo mundial.

4 Géminis

Pros: Cumplimiento estricto de la normativa, alta seguridad e interfaz fácil de usar.

Contras: comisiones algo más elevadas que en otras plataformas.

5 App Cash

Pros: Una forma fácil de comprar Bitcoin utilizando una aplicación móvil. Ideal para principiantes.

Contras: limitado sólo a Bitcoin, sin acceso a otras criptodivisas.

GUÍA PASO A PASO PARA COMPRAR BITCOIN

Ahora pongámonos manos a la obra. Siga estos pasos para realizar su primera compra en Bitcoin.

Paso 1: Crear una cuenta en Exchange

- **Registrarse**: Visite el sitio web de la bolsa elegida y haga clic en el botón "Registrarse" o "Crear cuenta".

- **Verificación de identidad** (**KYC**): La mayoría de las bolsas requieren que verifiques tu identidad subiendo documentos como el carné de conducir o el pasaporte. Este proceso, conocido como Conozca a su Cliente (KYC), ayuda a prevenir el fraude.

Paso 2: Protección de la cuenta

- Active **la autenticación de dos factores (2FA)**: Para mejorar la seguridad, active la 2FA. Además de la contraseña, tienes que introducir un código desde tu dispositivo móvil.

- **Establezca contraseñas seguras**: utilice una contraseña única y compleja y evite reutilizar contraseñas de otras cuentas.

Paso 3: Ingreso de los fondos

- **Elija un método de pago**: Seleccione la opción de pago previamente decidida (tarjeta de crédito, transferencia bancaria, etc.).

- **Ingreso de fondos**: Siga las instrucciones de la casa de cambio para transferir el dinero a su cuenta. Las transferencias bancarias pueden tardar varios días, mientras que las transacciones con tarjeta de crédito suelen ser inmediatas.

Paso 4: Comprar Bitcoin

- **Navegar por la sección "Comprar"**: La mayoría de las bolsas tienen una pestaña "Comprar/Vender".

- Seleccione **Bitcoin**: elija Bitcoin (BTC) de la lista de criptomonedas disponibles.

- **Introduzca la cantidad**: Especifique la cantidad de Bitcoin que desea comprar, ya sea en fiat (por ejemplo, 500 $) o en Bitcoin (por ejemplo, 0,01 BTC).

- **Revisar y confirmar**: Revise los detalles de la transacción, incluidas las comisiones, y haga clic en "Comprar" para confirmar.

Paso 5: Transfiera Bitcoin a su monedero

- **Retirar a un monedero seguro**: Para mayor seguridad, transfiera sus Bitcoins a un monedero personal en lugar de dejarlos en su bolso. Utiliza la opción "Retirar" e introduce la dirección de tu monedero.

- **Confirme la transferencia**: Tenga paciencia, porque las confirmaciones de blockchain pueden tardar desde unos minutos hasta una hora, dependiendo de la congestión de la red.

CONOCER LAS COMISIONES Y LOS PLAZOS DE LAS TRANSACCIONES

Al comprar Bitcoin, es esencial entender las comisiones y su impacto en los costes totales. Las diferentes bolsas y métodos de pago tienen diferentes estructuras de comisiones.

Tipos de tasas

1 Comisiones de **negociación**: Son las comisiones que se cobran por comprar o vender Bitcoin. Pueden ser una comisión fija o un porcentaje de la transacción.

Ejemplo: Binance cobra un 0,1% por transacción, mientras que Coinbase puede cobrar hasta un 1,5%.

2 Comisiones de **depósito y retirada**: Algunas bolsas cobran comisiones por depositar o retirar fondos. Las transferencias bancarias suelen tener comisiones más bajas que los pagos con tarjeta de crédito.

3 Tarifas de **red**: Son las tarifas pagadas a los mineros por procesar transacciones en la cadena de bloques de Bitcoin. Las tarifas de red varían en función de la demanda y pueden ser más elevadas durante los periodos de mayor congestión de la red.

Cómo minimizar las comisiones

-**Utilice transferencias bancarias**: Si es posible, evite utilizar tarjetas de crédito, que conllevan comisiones más elevadas.

-**Consolidar las** compras: En lugar de hacer varias compras pequeñas, considere la posibilidad de comprar cantidades mayores de una sola vez para reducir el gasto total.

- **Elija** bolsas **de bajo coste**: Busque bolsas con comisiones más bajas, sobre todo si piensa operar con frecuencia.

LA PRIMERA COMPRA: UN EJEMPLO PRÁCTICO

Veamos un ejemplo práctico de compra de Bitcoin en Coinbase.

1 Regístrate y verifica: Crea una cuenta en Coinbase y completa el proceso KYC.

2 Depositar fondos: Conecte su cuenta bancaria o tarjeta de crédito y deposite 500 USD.

3 Comprar Bitcoin: vaya a la pestaña "Comprar/Vender", seleccione Bitcoin e introduzca 500 $.

4 Confirme la compra: Revise los cargos (por ejemplo, 7,50 $ por una compra de 500 $) y haga clic en "Comprar ahora".

5 Transferencia al monedero: Una vez que el Bitcoin aparezca en su cuenta Coinbase, transfiéralo a su monedero físico para su custodia.

¡Enhorabuena! Si ha seguido la historia, ya ha comprado su primer Bitcoin. Este es un emocionante primer paso en su viaje por el mundo de las criptodivisas. Recuerde que comprar Bitcoin es sólo el principio. La seguridad, la comprensión de su uso y el conocimiento del ecosistema son igualmente importantes.

En el próximo capítulo profundizaremos en el tema **del almacenamiento seguro de Bitcoin**, explorando las mejores prácticas para utilizar monederos y proteger sus activos digitales de las amenazas.

El viaje de mil millas comienza con un solo paso". - Lao Tzu

5
ALMACENAR BITCOIN CON SEGURIDAD

Después de adquirir con éxito su primer Bitcoin, el siguiente paso crucial es almacenarlo de forma segura. Ser propietario de Bitcoin también significa asumir toda la responsabilidad de su custodia, y este capítulo le guiará a través de todo lo que necesita saber para proteger sus activos de posibles amenazas. Tanto si es un principiante como un inversor experimentado, garantizar la seguridad de sus Bitcoins es crucial para proteger su futuro financiero.

POR QUÉ ES IMPORTANTE LA SEGURIDAD DE BITCOIN

Cuando posees un Bitcoin, eres tu propio banco. A diferencia de los sistemas financieros tradicionales, en los que los bancos protegen sus fondos, en el mundo de las criptomonedas es usted quien tiene que proteger sus activos. Desgraciadamente, como Bitcoin es digital y descentralizado, es un objetivo atractivo para hackers, estafadores y ladrones. Si le roban sus Bitcoins, no hay bancos, compañías de seguros ni servicios de asistencia que puedan ayudarle a recuperar sus fondos.

Amenazas comunes a la seguridad

Antes de descubrir cómo proteger su Bitcoin, veamos algunas de las amenazas de seguridad más comunes:

1 Ataques de phishing: los ciberdelincuentes utilizan correos electrónicos, sitios web o mensajes falsos para engañarle y que revele sus claves privadas o credenciales de acceso.

2 Ataques a intercambios: si dejas tu Bitcoin en un intercambio, corres el riesgo de perderlo si éste es pirateado, como ha ocurrido con plataformas como Mt. Gox y Bitfinex.

3 Malware **y Keyloggers**: Un software malicioso puede infectar tu ordenador o smartphone, permitiendo a los hackers capturar tus claves y acceder a tus claves privadas.

4 Intercambio de SIM: los piratas informáticos pueden hacerse con el control de su número de teléfono móvil engañando a su proveedor de telecomunicaciones, lo que les permite restablecer las contraseñas de su intercambio o monedero.

5 Ingeniería social: Los estafadores pueden manipular al usuario para que revele información sensible a través de las redes sociales, llamadas telefónicas o incluso haciéndose pasar por contactos de confianza.

CÓMO GUARDAR BITCOINS EN UN MONEDERO SEGURO

El primer paso para proteger los Bitcoins es elegir el monedero adecuado. Un **monedero de criptomonedas** es un instrumento digital que almacena Bitcoins y proporciona una forma segura de enviar, recibir y gestionar fondos.

Tipos de carteras: ¿cuál es la más adecuada para usted?

Hay diferentes tipos de monederos entre los que elegir, cada uno con su propio nivel de seguridad y comodidad.

1 Monederos de hardware: Son dispositivos físicos (como una memoria USB) que almacenan claves privadas sin conexión. Algunos ejemplos son Ledger Nano S, Ledger Nano X y Trezor.

Pros: Extremadamente seguro, inmune a la piratería informática en línea, ideal para archivar a largo plazo.

Contras: coste de 50-150 dólares, menos cómodo para las transacciones cotidianas.

2 Carteras de software: son aplicaciones o programas que pueden instalarse en su ordenador o smartphone. Algunos ejemplos son Exodus, Mycelium y Electrum.

Pros: Cómodo y fácil de usar, ideal para transacciones frecuentes.

Contras: Vulnerable a ataques de malware, hacking y phishing si no se protege adecuadamente.

3 Carteras web: Están alojadas en línea por servicios de terceros. Algunos ejemplos son las carteras proporcionadas por bolsas como Coinbase o Binance.

Pros: Fácil de configurar, accesible desde cualquier lugar con conexión a Internet.

Contras: menos seguro, ya que las claves privadas no están controladas; vulnerable a los hackeos de intercambio.

4 Cartera de papel: Documento físico que contiene las claves pública y privada de Bitcoin. Se crea sin conexión, normalmente en forma de código QR.

Pros: Muy seguro si se genera correctamente; inmune a los ataques en línea.

Contras: en caso de pérdida o deterioro, el Bitcoin se pierde para siempre; menos práctico para un uso regular.

5 Monederos **de firmas múltiples (Multisig)**: Estos monederos requieren múltiples claves privadas para autorizar una transacción. Servicios como Casa y Unchained Capital ofrecen soluciones multisig.

Pros: Añade una capa extra de seguridad; ideal para almacenar grandes cantidades.

Contras: más complejo de configurar; puede requerir más dispositivos o piezas.

GUÍA PASO A PASO PARA CREAR UNA CARTERA DE HARDWARE

Para una máxima seguridad, se recomienda almacenar Bitcoins en un monedero físico. Aquí tienes una guía paso a paso para configurar un Ledger Nano S, uno de los monederos físicos más populares.

Paso 1: Comprar a una fuente fiable

- **Compre directamente en el sitio web del fabricante** o en distribuidores autorizados para evitar dispositivos falsificados.

- Compruebe que el embalaje está precintado y no ha sido manipulado.

Paso 2: Instalación del software Ledger Live

- Descarga el software **Ledger Live** de la web oficial para gestionar tu monedero e instalar aplicaciones para diferentes criptodivisas.

Paso 3: Configurar el dispositivo

- Conecte el Ledger al ordenador mediante el cable USB.

- Siga las instrucciones en pantalla para configurar el dispositivo, crear un código PIN y generar una **frase inicial** (una lista de 24 palabras).

Paso 4: Escribe tu propia frase semilla

-Escriba la frase semilla de 24 palabras en la hoja de recuperación proporcionada. Guárdala en un **lugar seguro** (por ejemplo, una caja fuerte ignífuga).

-**Nunca almacenes tu frase inicial digitalmente** y no la compartas con nadie. Si alguien accede a ella, puede robarte tus Bitcoins.

Paso 5: Transfiera Bitcoin a su monedero

-Una vez configurado, puedes transferir tus Bitcoins desde un exchange a tu monedero Ledger copiando tu **dirección pública** y utilizándola como dirección del destinatario en el exchange.

Paso 6: Activar la autenticación de dos factores (2FA)

-Para mayor seguridad, activa **2FA** en tu cuenta Ledger Live y en cualquier exchange que utilices.

COPIA DE SEGURIDAD DE LA CARTERA

Hacer una copia de seguridad de tu monedero es esencial para proteger tus Bitcoins en caso de pérdida, daño o robo de tu dispositivo. **La frase semilla** es la clave de seguridad de tu monedero. Si tu monedero se pierde o se destruye, puedes recuperar tus fondos utilizando tu frase semilla en un nuevo dispositivo.

Prácticas recomendadas para las copias de seguridad

1 Utiliza una copia de seguridad en papel: escribe tu frase inicial en papel en lugar de almacenarla digitalmente.

2 Cree varias copias: Guarde las copias de seguridad en varios lugares seguros, como una caja fuerte ignífuga o una caja de seguridad.

3 Considere las copias de seguridad de acero: Para una mayor durabilidad, utilice un dispositivo de copia de seguridad de acero como la Cápsula Cryptosteel o Billfodl para proteger su frase de semillas del fuego, el agua y los daños físicos.

USO DE LA AUTENTICACIÓN DE DOS FACTORES (2FA)

La autenticación de dos factores añade una capa adicional de protección a tus cuentas y monederos. Al requerir tanto la contraseña como un código único generado por una aplicación como Google Authenticator, la autenticación de dos factores garantiza que, aunque la contraseña se vea comprometida, la cuenta siga siendo segura.

Cómo configurar el 2FA

1 Descargue una aplicación Authenticator: Google Authenticator, Authy o Microsoft Authenticator son las opciones más populares.

2 Activar 2FA en Exchange o Wallet: Ve a los ajustes de seguridad, escanea el código QR con la app Authenticator e introduce el código para activar 2FA.

3 Guarde los códigos de seguridad: Cuando configure el 2FA, guarde los códigos de seguridad proporcionados. Pueden utilizarse para recuperar el acceso en caso de pérdida del dispositivo.

ERRORES COMUNES DE SEGURIDAD QUE HAY QUE EVITAR

Cuando se trata de asegurar su Bitcoin, hay varias trampas en las que suelen caer los principiantes. He aquí cómo evitar los errores más comunes:

1 Almacenamiento de bitcoins en bolsas

Los intercambios son convenientes para comprar y vender, pero no son el lugar más seguro para almacenar sus Bitcoins. Transfiera sus fondos a un monedero seguro donde tenga el control de las claves privadas.

2 No proteger la propia frase-semilla

Nunca guardes tu frase de partida en formato digital (por ejemplo, en tu ordenador o en la nube). Escríbela en papel y guárdala sin conexión.

3 Uso de contraseñas débiles

Utiliza siempre contraseñas complejas y únicas para tus cuentas de intercambio y monedero. Considera la posibilidad de utilizar un gestor de contraseñas como LastPass o Bitwarden para generar y almacenar contraseñas seguras.

4 Ignorar las actualizaciones de software

Actualice periódicamente el software de la cartera, el firmware del hardware y los dispositivos para protegerse contra las vulnerabilidades de seguridad.

QUÉ HACER EN CASO DE PIRATERÍA INFORMÁTICA

A pesar de las precauciones, siempre es posible ser víctima de un pirateo o una estafa. Si sospecha que le han robado Bitcoin, actúe con rapidez:

1 Transfiera los fondos restantes a un monedero seguro: Si aún tiene acceso a su monedero, transfiera inmediatamente los Bitcoins restantes a un nuevo monedero seguro.

2 Denuncia el incidente: Ponte en contacto con el proveedor del monedero o cartera si el robo se ha producido en su plataforma. Es posible que puedan ayudarte a bloquear las cuentas.

3 Vigile la actividad sospechosa: Esté atento a sus correos electrónicos, redes sociales y otras cuentas en busca de indicios de nuevos ataques.

Proteger sus Bitcoins puede parecer desalentador al principio, pero tomarse el tiempo necesario para aplicar las mejores prácticas es crucial para salvaguardar sus activos. El mundo de las criptomonedas ofrece independencia financiera, pero esta libertad conlleva la responsabilidad de proteger sus activos.

En el siguiente capítulo exploraremos el mundo de **las altcoins**, analizando qué son, en qué se diferencian de Bitcoin y si merece la pena invertir en ellas. Conocer las altcoins le ayudará a diversificar su cartera de criptodivisas y a ampliar sus conocimientos sobre el panorama de las divisas digitales en general.

La seguridad no es un producto, sino un proceso". - Bruce Schneier

6

ENTENDER LOS OTROS CRIPTOS: ALTCOIN

Después de familiarizarse con Bitcoin, es hora de sumergirse en el mundo de **las altcoins**. El término "altcoin" es la abreviatura de "alternative coin" (moneda alternativa) y se refiere a todas las criptodivisas distintas de Bitcoin. Aunque Bitcoin fue la primera y sigue siendo la criptodivisa más conocida, existen miles de otras monedas digitales, cada una con características, casos de uso y oportunidades de inversión únicos. En este capítulo exploraremos las altcoins más populares, explicaremos en qué se diferencian del Bitcoin y le ayudaremos a evaluar si merece la pena añadirlas a su cartera.

¿QUÉ SON LAS ALTCOINS?

Las altcoins se crearon para resolver limitaciones percibidas de Bitcoin o para introducir nuevas características que Bitcoin no ofrece. Mientras que Bitcoin es principalmente un **depósito de valor** y una **moneda digital descentralizada**, las altcoins pueden servir para una amplia gama de propósitos, desde habilitar contratos inteligentes hasta facilitar transacciones más rápidas, dar soporte a aplicaciones descentralizadas (dApps) o mejorar la privacidad.

Tipos de Altcoin

Las altcoins pueden clasificarse a grandes rasgos en los siguientes tipos:

1 Monedas **estables**: vinculadas al valor de una moneda fiduciaria (como el dólar estadounidense) para reducir la volatilidad.

2 Plataformas de contratos inteligentes: Blockchain que permite aplicaciones descentralizadas y contratos inteligentes.

3 Privacy Coins: se centra en mejorar la privacidad y el anonimato en las transacciones.

4 Fichas de utilidad: Se utilizan para acceder a servicios dentro de un ecosistema blockchain específico.

5 Fichas de Gobernanza: Permiten a los titulares votar sobre actualizaciones de protocolos y cambios en proyectos descentralizados.

Echemos un vistazo a algunas de las altcoins más populares e influyentes del mercado actual.

LAS 10 ALTCOINS MÁS POPULARES

1. ETERIO (ETH)

Capitalización bursátil: más de 200.000 millones de USD

Caso de uso: contratos inteligentes y aplicaciones descentralizadas (dApps)

Ethereum, lanzada en 2015 por Vitalik Buterin, es la segunda criptomoneda por capitalización bursátil después de Bitcoin. A diferencia de Bitcoin, que funciona principalmente como moneda digital, Ethereum **es una plataforma para crear aplicaciones descentralizadas** (dApps) que utilizan contratos inteligentes, contratos que se ejecutan solos y cuyas condiciones se escriben directamente en el código.

Principales características de Ethereum

- **Contratos inteligentes**: Permiten a los desarrolladores crear aplicaciones descentralizadas (dApps) para todo, desde finanzas (DeFi) hasta juegos.

- **Ethereum 2.0 (ETH 2.0)**: actualización de la red Ethereum, que pasa de un mecanismo de consenso Proof of Work (PoW) a Proof of Stake (PoS), lo que reduce el consumo de energía y mejora la escalabilidad.

2. BINANCE COIN (BNB)

Capitalización bursátil: más de 40.000 millones de dólares

Caso práctico: token de utilidad para el ecosistema Binance

Lanzado originalmente como un token de utilidad para el intercambio Binance, **Binance Coin (BNB)** ha crecido considerablemente en utilidad. Puede utilizarse para negociar descuentos de comisiones en Binance, participar en ventas de tokens e incluso realizar pagos en plataformas que acepten BNB. **La Binance Smart Chain (BSC)** también utiliza BNB como token nativo, apoyando aplicaciones descentralizadas y proyectos DeFi.

Características principales de Binance Coin

- **Mecanismo de quema**: Binance quema una parte de los tokens BNB cada trimestre para reducir la oferta y aumentar la escasez.

- **Ecosistema DeFi**: La cadena inteligente de Binance es una de las principales plataformas para proyectos DeFi.

3. CARDANUS (ADA)

Capitalización bursátil: más de 10.000 millones de USD

Caso práctico: contratos inteligentes y escalabilidad

Cardano, fundada por Charles Hoskinson (cofundador de Ethereum), es una blockchain **de tercera generación** que pretende resolver los problemas de escalabilidad y seguridad de blockchains anteriores como Bitcoin y Ethereum. Cardano utiliza un mecanismo de consenso Proof of Stake (PoS) llamado **Ouroboros**, que lo hace más eficiente energéticamente.

Principales características de Cardano

- **Arquitectura en capas**: separa el procesamiento de transacciones y la ejecución de contratos inteligentes para garantizar la escalabilidad.

- **Centrarse en la** investigación: Cardano se basa en la investigación y en principios científicos revisados por expertos.

4. SOLANA (SOL)

Capitalización bursátil: más de 8.000 millones de dólares

Caso práctico: aplicaciones descentralizadas de alta velocidad y contratos inteligentes

Solana es conocida por sus **transacciones de alta velocidad y bajo coste**, lo que la convierte en una de las blockchains más rápidas que existen. Solana puede gestionar hasta **65.000 transacciones por segundo (TPS)**, gracias a su exclusivo mecanismo de consenso denominado **Prueba de la Historia (PoH)**.

Principales características de Solana

- **Escalabilidad**: La arquitectura de Solana permite rápidas velocidades de transacción sin comprometer la descentralización.

- **Creciente ecosistema dApp**: Solana ganó popularidad en los sectores DeFi y NFT.

5. POLKADOT (DOT)

Capitalización bursátil: más de 7.000 millones de dólares

Caso práctico: interoperabilidad de la cadena de bloques

Polkadot fue creado por el Dr. Gavin Wood, otro cofundador de Ethereum, para permitir **la interoperabilidad** entre diferentes blockchains. **La arquitectura de parachain** de Polkadot permite que diferentes blockchains se interconecten y compartan datos manteniendo su propia seguridad y gobernanza.

Principales características de Polkadot

- **Parachain**: cadenas de bloques paralelas que funcionan junto a la cadena principal Polkadot.

- **Gobernanza**: los titulares de DOT pueden participar en las actualizaciones y modificaciones del protocolo.

6. LITECOIN (LTC)

Capitalización bursátil: más de 6.000 millones de USD

Caso práctico: pagos digitales y transacciones más rápidas

Lanzada por Charlie Lee en 2011, **Litecoin** fue una de las primeras monedas alternativas que surgieron. Fue diseñada para ser una **versión más rápida de Bitcoin**, con tiempos de bloqueo más cortos (2,5 minutos frente a los 10 minutos de Bitcoin) y un algoritmo hash diferente (Scrypt).

Principales características de Litecoin

- **Comisiones más bajas**: Ideal para transacciones pequeñas debido a las comisiones más bajas en comparación con Bitcoin.

-**Altamente aceptada**: Litecoin es una de las criptomonedas más aceptadas para pagos.

7. CADENA (ENLACE)

Capitalización bursátil: más de 5.000 millones de USD

Caso práctico: Oráculos descentralizados para contratos inteligentes

Chainlink es una **red de oráculos** descentralizada que permite a los contratos inteligentes interactuar de forma segura con datos del mundo real, API y otras fuentes externas. Resuelve una de las principales limitaciones de las cadenas de bloques: la imposibilidad de acceder a datos externos a la cadena de bloques.

Características principales de Chainlink

- **Integración de contratos inteligentes**: Chainlink permite a los proyectos financieros descentralizados (DeFi) acceder a datos fuera de la cadena.

- **Oracle Security**: Garantiza que los datos proporcionados a los contratos inteligentes son precisos y a prueba de manipulaciones.

8. VALANGA (AVAX)

Capitalización bursátil: más de 4.000 millones de USD

Caso práctico: Contratos inteligentes de alto rendimiento y DeFi

Avalanche es una plataforma para lanzar **aplicaciones descentralizadas (dApps)** y despliegues empresariales de blockchain. Conocida por su rendimiento de alta velocidad, Avalanche es capaz de procesar más de **4500 transacciones por segundo (TPS)** con resultados casi inmediatos.

Principales características de Avalanche

- **Comisiones bajas**: ofrece una de las plataformas más rentables para proyectos DeFi.

- **Interoperabilidad**: Compatible con activos y aplicaciones Ethereum.

9. MONERO (XMR)

Capitalización bursátil: más de 3.000 millones de dólares

Caso práctico: transacciones centradas en la privacidad

Monero es la **moneda** líder en **privacidad**, diseñada para mejorar la privacidad y el anonimato de los usuarios. A diferencia de Bitcoin, donde todas las transacciones son visibles públicamente, Monero utiliza técnicas criptográficas avanzadas como **RingCT (Ring Confidential Transactions)** para ocultar los detalles de las transacciones.

Principales características de Monero

- **Privacidad**: las transacciones son privadas e imposibles de rastrear, por lo que Monero es ideal para usuarios que buscan el anonimato.

- **Fungibilidad**: Cada unidad de Monero es idéntica e intercambiable, a diferencia de Bitcoin, que puede rastrearse.

10. RIPPLE (XRP)

Capitalización bursátil: más de 20.000 millones de USD

Caso práctico: pagos transfronterizos

El token XRP de Ripple está diseñado para facilitar **pagos internacionales rápidos y de bajo coste**. Ripple trabaja con bancos e instituciones financieras para proporcionar liquidez a las transacciones transfronterizas. Sin embargo, Ripple se ha enfrentado a desafíos legales de la SEC sobre si XRP es un valor.

Principales características de Ripple

- **Rapidez**: las transacciones se confirman en cuestión de segundos.
- **Comisiones bajas**: ideal para remesas y pagos transfronterizos.

PROS Y CONTRAS DE INVERTIR EN ALTCOINS

Aunque Bitcoin sigue siendo la criptomoneda dominante, las altcoins ofrecen oportunidades y riesgos únicos. Entender los pros y los contras puede ayudarle a tomar decisiones informadas.

Pro

- **Innovación**: Muchas altcoins introducen nuevas funciones y tecnologías que Bitcoin no tiene.
- **Mayor potencial de crecimiento**: las altcoins de menor capitalización bursátil pueden ofrecer mayores rendimientos que Bitcoin, aunque con mayor riesgo.
- **Diversificación**: añadir altcoins a su cartera puede reducir su riesgo global.

Contra

- **Volatilidad**: Las altcoins tienden a ser más volátiles que Bitcoin, lo que las convierte en una inversión más arriesgada.
- **Incertidumbre normativa**: los gobiernos pueden imponer normativas que afecten a los proyectos de altcoin.
- **Estafas y proyectos de baja calidad**: El espacio altcoin está lleno de proyectos que pueden no cumplir sus promesas.

Las altcoins ofrecen interesantes oportunidades para diversificar la cartera de inversiones y explorar nuevas tecnologías. Sin embargo, un gran potencial conlleva un gran riesgo. **Investiga** siempre antes de invertir en cualquier altcoin y nunca inviertas más de lo que puedas permitirte perder.

En el próximo capítulo, analizaremos **las ventajas y los riesgos de invertir en Bitcoin**, ayudándole a sopesar los pros y los contras de añadir este activo revolucionario a su estrategia de inversión.

"No ponga todos los huevos en la misma cesta". - Warren Buffett

7

BENEFICIOS Y RIESGOS DE LA INVERSIÓN EN BITCOIN

Bitcoin se ha convertido en uno de los activos financieros de los que más se habla en el mundo. Algunos lo ven como una tecnología revolucionaria que remodelará el sistema financiero mundial, mientras que otros creen que es una burbuja especulativa destinada a explotar. Antes de decidir si invertir o no en Bitcoin, es crucial comprender tanto **los beneficios** como los **riesgos** asociados. Este capítulo le ayudará a tomar una decisión informada sobre si Bitcoin merece un lugar en su cartera de inversiones.

POR QUÉ EL BITCOIN PUEDE SER UNA BUENA INVERSIÓN

Desde su creación en 2009, Bitcoin ha superado a casi todas las clases de activos tradicionales. Veamos algunas de las principales razones por las que Bitcoin podría ser una inversión rentable.

1. COBERTURA FRENTE A LA INFLACIÓN

Una de las principales propuestas de valor de Bitcoin es su **condición de cobertura frente a la inflación**. Las monedas fiduciarias tradicionales, como el dólar estadounidense o el euro, pueden perder valor con el tiempo debido a la inflación, especialmente cuando los bancos centrales imprimen más dinero para estimular la economía. Bitcoin, en cambio, **tiene un suministro fijo** de

21 millones de monedas, lo que la convierte en deflacionaria por su propia naturaleza.

Por qué es importante

- Oferta limitada: A diferencia de la moneda fiduciaria, que puede imprimirse indefinidamente, la oferta total de Bitcoin es limitada, lo que la hace escasa.

-Depósito de valor: Muchos inversores consideran el Bitcoin como "oro digital", un depósito de valor que puede proteger el patrimonio de la erosión causada por la inflación.

2. DESCENTRALIZADO Y SIN CONFIANZA

Bitcoin funciona en una **red descentralizada** de ordenadores (nodos), lo que significa que ninguna autoridad central (como un banco o un gobierno) lo controla. Las transacciones son validadas por una red de mineros y registradas en un libro de contabilidad público y transparente llamado **blockchain**.

Por qué es importante

- **Resistencia a la censura**: Como Bitcoin está descentralizado, no puede ser fácilmente censurado o cerrado por gobiernos o empresas.

- **Sistema sin confianza**: Bitcoin no requiere que dependa de un tercero para gestionar sus fondos. Utiliza protocolos criptográficos para garantizar la seguridad y validez de las transacciones.

3. POTENCIAL DE ALTO RENDIMIENTO

Bitcoin ha mostrado rendimientos extraordinarios desde su creación. Los primeros usuarios que invirtieron incluso pequeñas cantidades en Bitcoin **han obtenido enormes rendimientos de la inversión (ROI)** en la última década.

Actuaciones históricas

- En 2011, Bitcoin valía menos de 1 dólar. En 2017 había subido a casi 20.000 dólares antes de una corrección. A finales de 2021, Bitcoin había alcanzado un máximo histórico de más de 69.000 dólares.

- Los inversores que han conservado sus Bitcoins durante la volatilidad del mercado se han visto recompensados históricamente con importantes ganancias.

4. CRECIENTE ADOPCIÓN E INTERÉS INSTITUCIONAL

A medida que madura, Bitcoin va ganando terreno no sólo entre inversores particulares, sino también entre grandes instituciones financieras, empresas e incluso gobiernos.

Signos de adopción

- **Inversiones institucionales**: empresas como Tesla, MicroStrategy y Square han incorporado Bitcoin a sus balances.

- **Servicios financieros**: Los procesadores de pagos como PayPal y Block (antes Square) permiten ahora a los usuarios comprar, vender y mantener Bitcoin.

- **Países que adoptan Bitcoin**: El Salvador fue el primer país en adoptar Bitcoin como moneda de curso legal, lo que pone de relieve su potencial como instrumento financiero de uso generalizado.

5. DIVERSIFICACIÓN Y PROTECCIÓN DE LA CARTERA

Incluir Bitcoin en la cartera de inversiones puede servir para diversificar los activos. Los activos tradicionales como las acciones, los bonos y los inmuebles suelen estar correlacionados entre sí, especialmente en tiempos de crisis económica. Bitcoin, en cambio, puede actuar como un **activo no correlacionado**, reduciendo potencialmente el riesgo global.

Por qué es importante

- **Diversificación**: Añadir Bitcoin a su cartera puede reducir la volatilidad y aumentar la rentabilidad potencial.

- Activo refugio: en periodos de incertidumbre económica, Bitcoin ha actuado a veces como activo refugio, como el oro.

LOS RIESGOS DE INVERTIR EN BITCOIN

Aunque Bitcoin ofrece considerables beneficios potenciales, también conlleva riesgos sustanciales. Antes de invertir, es importante conocer estos riesgos y evaluar si se ajustan a los objetivos financieros y la tolerancia al riesgo de cada uno.

1. ALTA VOLATILIDAD

Una de las características más conocidas de Bitcoin es su **volatilidad**. El precio del Bitcoin puede fluctuar enormemente en un corto periodo de tiempo, causando pérdidas potenciales a los inversores que no estén preparados para tales fluctuaciones.

Ejemplos de volatilidad histórica

-El bitcoin subió de 1.000 a casi 20.000 dólares en 2017, antes de desplomarse a unos 3.000 dólares en 2018.

-En 2021, Bitcoin alcanzó un máximo histórico de 69.000 dólares, pero luego cayó a unos 30.000 dólares en pocos meses.

Por qué es importante

- **Inversiones emocionales**: La alta volatilidad puede provocar ventas o compras de pánico, haciendo que los inversores tomen decisiones irracionales.

- **Riesgos a corto plazo**: la volatilidad de Bitcoin puede ser una desventaja para quienes buscan ganancias estables a corto plazo.

2. INCERTIDUMBRE NORMATIVA

El entorno normativo que rodea a Bitcoin y las criptomonedas sigue evolucionando. Gobiernos de todo el mundo están lidiando con la regulación de Bitcoin, lo que podría tener implicaciones significativas para su futuro valor y adopción.

Posibles riesgos reglamentarios

- **Implicaciones fiscales**: En muchos países, Bitcoin está sujeto a impuestos sobre las plusvalías. El incumplimiento de la normativa fiscal puede acarrear sanciones.

- **Prohibiciones gubernamentales**: Algunos países, como China, han prohibido la minería y el comercio de Bitcoin. Futuras restricciones normativas en otras regiones podrían repercutir en el precio y la adopción de Bitcoin.

3. RIESGOS DE SEGURIDAD

Aunque la red Bitcoin es en sí misma muy segura, poseer y gestionar Bitcoin conlleva ciertos riesgos, especialmente si no se toman las medidas de seguridad adecuadas.

Amenazas comunes a la seguridad

- Hackeo de intercambios: Si deja su Bitcoin en un intercambio, puede ser vulnerable al hackeo. Algunos hackeos importantes, como el de Mt. Gox, han provocado importantes pérdidas a los inversores.

-Phishing y estafas: los estafadores suelen dirigirse a los nuevos inversores con sitios web falsos, correos electrónicos de phishing y esquemas Ponzi.

-Pérdida de la clave privada: Si pierdes el acceso a la clave privada de tu monedero, pierdes el acceso a tus Bitcoins para siempre. Se estima que millones de Bitcoins se pierden para siempre por olvido de contraseñas o pérdida de claves.

4. PREOCUPACIONES MEDIOAMBIENTALES

La minería de Bitcoin utiliza mucha potencia de cálculo, lo que requiere una cantidad considerable de electricidad. Los críticos sostienen que **el consumo de energía** de Bitcoin es insostenible, especialmente a medida que crece la red.

Impacto medioambiental

- Huella de carbono: La minería de Bitcoin contribuye a las emisiones de dióxido de carbono, especialmente en las regiones que utilizan carbón para producir electricidad.

- Soluciones sostenibles: la industria está estudiando métodos de extracción más eficientes desde el punto de vista energético y la transición a fuentes de energía renovables para resolver estos problemas.

5. MANIPULACIÓN POTENCIAL DEL MERCADO

El mercado de criptomonedas es todavía relativamente joven y está menos regulado que los mercados financieros tradicionales, lo que lo hace vulnerable a la **manipulación del mercado**.

Ejemplos de manipulación del mercado

- Ballenas: Los grandes tenedores de Bitcoin, conocidos como "ballenas", pueden influir en los precios comprando o vendiendo grandes cantidades.

- **Esquemas de bombeo y dumping**: Algunos inversores pueden inflar artificialmente el precio del Bitcoin mediante compras coordinadas, para luego venderlo de nuevo más tarde, dejando a otros inversores con pérdidas.

CÓMO PROTEGERSE DE LAS PÉRDIDAS

Dados los riesgos potenciales, es esencial adoptar estrategias que le ayuden a proteger su inversión. He aquí algunos consejos para salvaguardar sus inversiones en Bitcoin.

1. DIVERSIFICAR LA CARTERA

En lugar de invertir todo su dinero en Bitcoin, diversifique sus inversiones en diferentes clases de activos, como acciones, bonos, bienes inmuebles y otras criptodivisas. De esta forma puede reducir el riesgo y mejorar la rentabilidad global.

2. INVIERTA SÓLO LO QUE PUEDA PERMITIRSE PERDER

La regla de oro para invertir en Bitcoin es **no invertir nunca más de lo que pueda permitirse perder**. Dada su volatilidad, es esencial enfocar Bitcoin como un activo de alto riesgo y alta rentabilidad.

3. USO SEGURO DE LA CÁMARA FRIGORÍFICA

Para proteger sus Bitcoins de los piratas informáticos, utilice un **monedero físico** (almacenamiento en frío) en lugar de dejar sus fondos en un exchange. De esta forma, sus claves privadas se mantienen fuera de línea y a salvo de las ciberamenazas.

4. MANTENERSE INFORMADO Y AL DÍA

El mercado de las criptomonedas evoluciona constantemente. Mantente informado sobre los **cambios normativos, los avances tecnológicos y las tendencias del mercado** para tomar decisiones con conocimiento de causa. Seguir fuentes fiables y unirse a comunidades en línea puede ayudarle a mantenerse a la vanguardia.

5. EVITAR EL FOMO (MIEDO A PERDERSE)

Muchos inversores se dejan llevar por la emoción durante un mercado alcista y compran Bitcoin a precios altos, para luego vender en pánico durante una corrección. **Cíñase a su estrategia de inversión** y evite tomar decisiones emocionales basadas en el sentimiento del mercado.

Invertir en Bitcoin puede ser emocionante y gratificante, pero también implica riesgos significativos. Si conoce las ventajas y los posibles riesgos, podrá abordar Bitcoin con una perspectiva equilibrada y tomar decisiones informadas en consonancia con sus objetivos financieros.

En el próximo capítulo exploraremos los **pasos prácticos para vender Bitcoin y sacar provecho de ello**, ayudándole a gestionar el proceso de cobro de sus inversiones al tiempo que minimiza impuestos y comisiones.

La fortuna favorece a los audaces, pero también recompensa a los sabios". - Proverbio antiguo

8

CÓMO VENDER BITCOIN Y OBTENER BENEFICIOS

Ahora que ha comprado y almacenado de forma segura sus Bitcoins, es el momento de considerar el siguiente paso crucial en su viaje: vender y obtener beneficios. Mientras que comprar Bitcoin es relativamente sencillo, vender requiere una cuidadosa reflexión, especialmente si quiere maximizar los beneficios, minimizar las comisiones y evitar los errores más comunes. En este capítulo examinaremos cuándo vender Bitcoin, cómo ejecutar una venta y las estrategias para obtener beneficios de forma fiscalmente eficiente.

CUÁNDO VENDER BITCOINS

Una de las decisiones más difíciles para cualquier inversor es saber cuándo vender un activo. La naturaleza volátil del Bitcoin puede dificultar especialmente la sincronización con el mercado. Sin embargo, comprender sus objetivos de inversión y la dinámica del mercado puede ayudarle a tomar decisiones con conocimiento de causa.

1. DEFINICIÓN DE LOS OBJETIVOS DE INVERSIÓN

Antes de vender, es fundamental tener clara una estrategia de inversión. He aquí algunas preguntas para orientarte:

- **¿Cuál es su horizonte temporal?** ¿Invierte a largo plazo (años) o a corto plazo (semanas o meses)?

- **¿Cuáles son sus objetivos financieros?** ¿Quiere aumentar su patrimonio, ahorrar para una compra importante o diversificarse en otras actividades?

- **¿Cuál es su tolerancia al riesgo?** Si el mercado cayera repentinamente, ¿vendería presa del pánico o aguantaría?

2. ESTRATEGIAS DE VENTA HABITUALES

Dependiendo de sus objetivos, puede elegir entre varias estrategias populares para vender Bitcoin:

- **HODL (Hold On for Dear Life)**: Esta estrategia consiste en mantener Bitcoin a pesar de las fluctuaciones del mercado. Es ideal para inversores a largo plazo que creen en el valor futuro de Bitcoin.

- **DCA (Dollar-Cost Averaging) Out**: si desea obtener beneficios gradualmente, puede vender pequeñas cantidades de Bitcoin a intervalos regulares. Esto mitiga el riesgo de venderlo todo en un momento bajo.

- **Vender a un precio objetivo**: Establecer un precio objetivo específico al que vender una parte o la totalidad de las participaciones. Esta estrategia es ideal para los inversores que desean bloquear las ganancias a un nivel de beneficios predeterminado.

- **Vender durante los máximos del mercado**: Aunque es difícil predecir el máximo del mercado, algunos inversores prefieren vender cuando Bitcoin alcanza máximos históricos o muestra signos de sobrecompra.

3. OBSERVAR LAS SEÑALES DEL MERCADO

Para maximizar los beneficios, es útil observar las señales del mercado que pueden indicar los mejores momentos para vender:

- **Análisis técnico**: utilice herramientas como las medias móviles, el índice de fuerza relativa (RSI) y las bandas de Bollinger para analizar las tendencias del mercado.

- **Sentimiento del mercado**: Esté atento a las noticias, las redes sociales y los principales acontecimientos que puedan influir en el precio del Bitcoin.

- **Métricas en cadena**: Métricas como **la relación entre el valor de red de Bitcoin y las transacciones (NVT)** y **la tasa de hash** pueden proporcionar información sobre las tendencias del mercado.

CÓMO VENDER BITCOIN POR DINERO FIDUCIARIO

Una vez que haya decidido vender, el siguiente paso es elegir el método que mejor se adapte a sus necesidades. Hay varias formas de convertir Bitcoins en monedas fiduciarias como dólares estadounidenses, euros u otras monedas tradicionales.

1. VENDER EN BOLSAS DE CRIPTODIVISAS

Una de las formas más populares de vender Bitcoin es a través de una **bolsa de criptodivisas**. Este método es sencillo y adecuado para la mayoría de los inversores.

Cómo vender Bitcoin en la bolsa

- **Paso 1**: inicie sesión en su cuenta de intercambio (por ejemplo, Coinbase, Kraken, Binance).

- **Paso 2**: Vaya a la sección "Vender".

- **Paso 3**: Seleccione Bitcoin (BTC) y elija la cantidad que desea vender.

- **Paso 4**: Elija la moneda fiduciaria que desea recibir.

- **Paso 5**: Confirme la transacción y espere a que los fondos se abonen en la cuenta.

Ventajas e inconvenientes

- **Pros**: facilidad de uso, gran liquidez, transacciones instantáneas.

- **Contras**: comisiones de cambio, privacidad limitada, posibles retrasos en caso de gran volatilidad del mercado.

2. USO DE PLATAFORMAS PEER-TO-PEER (P2P)

Si la privacidad es un problema o quiere evitar las comisiones de cambio, puede vender Bitcoins a través de plataformas **peer-to-peer (P2P)** como

LocalBitcoins, Paxful o Binance P2P. Estas plataformas ponen en contacto directo a compradores y vendedores.

Cómo vender Bitcoin en una plataforma P2P

- **Paso 1**: Regístrate en una plataforma P2P y verifica tu cuenta.

- **Paso 2**: Introduzca el Bitcoin en venta, especificando el método de pago preferido (por ejemplo, transferencia bancaria, PayPal, efectivo).

- **Paso 3**: Espere a que un comprador se ponga en contacto con usted y acuerde las condiciones.

- **Paso 4**: Una vez que el comprador haya confirmado el pago, libere el Bitcoin de la custodia.

Ventajas e inconvenientes

- **Pros**: Más privacidad, comisiones más bajas, acceso a varios métodos de pago.

- **Contras**: riesgo de fraude, lentitud de las transacciones, mayor compromiso.

3. USO DE BITCOIN ATMS

Los cajeros automáticos de Bitcoin permiten convertir Bitcoins en dinero en efectivo. Estos cajeros están disponibles en muchas ciudades de todo el mundo.

Cómo vender utilizando un cajero automático Bitcoin

- **Paso 1**: Encuentre un cajero Bitcoin cerca de usted utilizando un sitio web como CoinATMRadar.

- **Paso 2**: Introduzca la cantidad que desea vender y escanee el código QR de su monedero Bitcoin.

- **Paso 3**: Confirme la transacción y retire el dinero del cajero.

Ventajas e inconvenientes

- **Pros**: dinero instantáneo, sin necesidad de cuenta bancaria, fácil de usar.

- **Contras**: comisiones elevadas (a menudo del 5-10%), disponibilidad limitada en algunas zonas.

IMPLICACIONES FISCALES DE LA VENTA DE BITCOIN

Antes de vender sus Bitcoins, es crucial entender las **implicaciones fiscales de hacerlo**. En muchos países, incluido Estados Unidos, Bitcoin se considera un activo sujeto a impuestos.

1. IMPUESTO SOBRE LAS PLUSVALÍAS

Al vender Bitcoin con beneficios, puede estar sujeto al **impuesto sobre plusvalías**. El tipo impositivo depende del tiempo que mantenga el activo:

- **Ganancias de capital a corto plazo**: Se aplican si ha tenido Bitcoin durante menos de un año. Tributan a los tipos ordinarios (del 10% al 37% en Estados Unidos).

- **Plusvalías a largo plazo**: Se aplican si ha tenido Bitcoin durante más de un año. Tributan a un tipo más bajo (0%, 15% o 20%).

2. OBLIGACIONES DE INFORMACIÓN FISCAL

No informar de las ventas de Bitcoin puede acarrear sanciones. A continuación le explicamos cómo cumplir la normativa:

- Mantenga registros: Lleve un registro detallado de las transacciones, con las fechas de compra, venta e importes.

- **Utiliza software fiscal para criptomonedas**: Herramientas como CoinTracker, TaxBit o Koinly pueden ayudarte a calcular tus ganancias y generar informes fiscales.

- **Consulte a un profesional fiscal**: si no está seguro de sus obligaciones fiscales, consulte a un profesional fiscal cualificado.

3. ESTRATEGIAS PARA MINIMIZAR LOS IMPUESTOS

- **Tenencia a largo plazo**: Aprovechar los tipos impositivos de las plusvalías a largo plazo puede ahorrarle dinero.

- **Obtener pérdidas fiscales**: Si el mercado está a la baja, considere la posibilidad de vender una parte de sus Bitcoins con pérdidas para compensar las ganancias de otras inversiones.

REINVERTIR LOS BENEFICIOS EN CRIPTOMONEDAS

Una vez que haya obtenido beneficios de su inversión en Bitcoin, puede que se pregunte cómo reinvertir las ganancias. He aquí algunas estrategias:

1. DIVERSIFICACIÓN EN ALTCOIN

Si crees en el futuro de las criptodivisas, considera la posibilidad **de diversificar** en otras altcoins como Ethereum, Solana o Cardano. Estos proyectos ofrecen diferentes casos de uso, desde contratos inteligentes hasta aplicaciones descentralizadas.

2. APOSTAR O PRESTAR SUS CRIPTODIVISAS

Algunas plataformas te permiten obtener ingresos pasivos **apostando** o **prestando** tus criptodivisas. Por ejemplo, puedes apostar Ethereum en plataformas como Kraken o prestar stablecoins en BlockFi a cambio de intereses.

3. INVERTIR EN PROYECTOS DEFINIDOS

Los proyectos de financiación descentralizada (DeFi) ofrecen la oportunidad de lograr altos rendimientos mediante **el cultivo de rendimientos** y la **extracción de liquidez**. Sin embargo, estas estrategias conllevan mayores riesgos, así que invierta solo lo que pueda permitirse perder.

ERRORES COMUNES QUE HAY QUE EVITAR AL VENDER BITCOIN

Vender Bitcoin puede ser complejo, especialmente para los inversores novatos. He aquí algunos errores comunes que conviene evitar:

1 Venta por pánico: Evite vender por miedo durante una caída del mercado. Céntrate en tus objetivos a largo plazo.

2 Ignorar los impuestos: No declarar las ventas de Bitcoin puede acarrear fuertes multas. Cumpla siempre las leyes fiscales.

3 No utilice una plataforma segura: venda sólo en bolsas o plataformas P2P de confianza para evitar estafas.

4 Detener el mercado: Intentar detener el mercado puede ser arriesgado. En su lugar, considere la posibilidad de utilizar estrategias como el promediado del coste en dólares para reducir el impacto de la volatilidad.

Vender Bitcoin puede ser una experiencia gratificante si la aborda con una estrategia clara. Ya sea para recoger beneficios, diversificar en otras inversiones o simplemente reequilibrar su cartera, entender el proceso le ayudará a tomar decisiones con conocimiento de causa.

En el próximo capítulo exploraremos **el futuro de Bitcoin y las criptomonedas**, analizando la adopción por parte de empresas y gobiernos y los posibles retos que se avecinan.

"No se trata de sincronizar en el mercado, se trata de sincronizar en el mercado". - Warren Buffett

9

EL FUTURO DEL BITCOIN Y LOS CRIPTOVALORES

Las criptomonedas, en particular Bitcoin, han pasado de ser una tecnología de nicho adoptada por entusiastas a una poderosa fuerza que está remodelando el panorama financiero mundial. Aunque Bitcoin ya ha dado grandes pasos en términos de adopción y utilidad, el futuro depara aún más promesas y retos. En este capítulo analizaremos la dirección de Bitcoin y las criptomonedas, los principales motores del crecimiento futuro, los riesgos potenciales y lo que podemos esperar en los próximos años.

LA EVOLUCIÓN DEL BITCOIN: PASADO, PRESENTE Y FUTURO

Para entender hacia dónde se dirige Bitcoin, es esencial observar cómo ha evolucionado desde su creación.

1. LOS ORÍGENES DE BITCOIN

Cuando Satoshi Nakamoto lanzó Bitcoin en 2009, se concibió como una moneda digital entre iguales que pudiera funcionar con independencia de bancos y gobiernos. El propósito original de Bitcoin era crear un **sistema financiero descentralizado** que ofreciera transparencia, seguridad y privacidad.

Adopción temprana y crecimiento

- **2009-2013**: Bitcoin fue utilizado principalmente por entusiastas de la tecnología, libertarios y personas interesadas en una alternativa a las finanzas tradicionales.

- **2013-2017**: Bitcoin comenzó a ganar la atención de la corriente principal, alcanzando los 1.000 dólares por primera vez en 2013 y experimentando rápidas subidas y correcciones de precios.

- **2017-2021**: Bitcoin ha experimentado un crecimiento explosivo, impulsado por el interés institucional, la claridad normativa en algunas regiones y la creciente aceptación como depósito de valor.

2. DÓNDE ESTÁ BITCOIN HOY

En la actualidad, Bitcoin goza de un amplio reconocimiento como **depósito de valor**, similar al oro. Muchos lo consideran una protección contra la inflación, sobre todo cuando los bancos centrales imprimen grandes cantidades de dinero en respuesta a problemas económicos como la pandemia del COVID-19. Bitcoin forma parte ahora de las carteras de inversores institucionales, empresas e incluso algunos gobiernos.

Principales novedades

- **Adopción institucional**: empresas como MicroStrategy, Tesla y Square han incorporado Bitcoin a sus balances.

- **Claridad normativa**: los gobiernos de todo el mundo están reconociendo el potencial de Bitcoin y están trabajando en marcos normativos, aunque todavía se trata de un trabajo en curso.

- Mejoras **tecnológicas**: Mejoras como la red Lightning hacen que las transacciones con Bitcoin sean más rápidas y baratas, aumentando su viabilidad como medio de intercambio.

ADOPCIÓN POR EMPRESAS Y GOBIERNOS

Para que Bitcoin alcance todo su potencial, es crucial su adopción generalizada por empresas y gobiernos. Analizamos el estado actual de la adopción y lo que puede deparar el futuro.

1. EMPRESAS QUE ADOPTAN BITCOIN

Cada vez más empresas empiezan a aceptar Bitcoin como forma de pago, mientras que otras exploran formas de integrar la tecnología blockchain en sus operaciones.

Ejemplos clave

- **Procesadores de pagos**: Empresas como PayPal, Visa y Mastercard ya admiten pagos con Bitcoin, lo que permite a los comerciantes aceptar criptomonedas junto con las monedas fiduciarias tradicionales.

- Minoristas: Grandes minoristas como Overstock, Newegg e incluso algunos locales de Starbucks aceptan el pago en Bitcoin.

- **Servicios financieros**: Bancos e instituciones financieras, como JPMorgan y Fidelity, están lanzando productos de inversión en criptomoneda para satisfacer la creciente demanda.

2. INTERÉS Y ADOPCIÓN POR PARTE DEL GOBIERNO

Los gobiernos están empezando a explorar los beneficios potenciales de Bitcoin, aunque los enfoques varían mucho de un país a otro.

Pioneros en la adopción de Bitcoin

- El Salvador: En 2021, El Salvador se convirtió en el primer país en adoptar Bitcoin como moneda de curso legal, permitiendo a los ciudadanos pagar impuestos y comprar bienes utilizando Bitcoin.

- Suiza: El cantón suizo de Zug, conocido como "Crypto Valley", permite a sus residentes pagar impuestos utilizando Bitcoin y Ethereum.

Posible evolución futura

- **Monedas digitales de bancos centrales (CBDC)**: Aunque no están directamente relacionadas con Bitcoin, muchos gobiernos están desarrollando sus propias monedas digitales. Dependiendo de cómo se diseñen, las CBDC podrían competir con Bitcoin o complementarlo.

- **Marcos jurídicos**: A medida que más países aclaren su postura sobre las criptomonedas, es posible que veamos cómo se adopta Bitcoin como parte de su sistema financiero.

RIESGOS Y RETOS POTENCIALES

Aunque el futuro de Bitcoin es prometedor, no está exento de riesgos. Comprender estos retos es crucial para cualquiera que desee invertir o adoptar Bitcoin.

1. INCERTIDUMBRE NORMATIVA

Uno de los mayores obstáculos a los que se enfrenta Bitcoin es la falta de un marco regulador unificado. Mientras que algunos países están adoptando Bitcoin, otros desconfían de su potencial para perturbar los sistemas financieros existentes.

Riesgos reglamentarios

- **Prohibiciones y restricciones**: Países como China han prohibido la minería y el comercio de Bitcoin, alegando preocupación por la estabilidad financiera y la salida de capitales.

- **Fiscalidad**: A medida que los gobiernos intentan gravar las transacciones de criptomoneda, las complejas normativas fiscales pueden desincentivar su adopción.

- **Cumplimiento**: las normativas contra el blanqueo de dinero (AML) y de conocimiento del cliente (KYC) son cada vez más estrictas, lo que podría repercutir en la forma de operar de monederos y billeteras.

2. PREOCUPACIONES MEDIOAMBIENTALES

La minería de Bitcoin consume una cantidad significativa de energía, lo que ha dado lugar a críticas sobre su impacto medioambiental. Sin embargo, se están haciendo esfuerzos para solucionar este problema.

Esfuerzos para reducir el impacto ambiental

- **Iniciativas mineras ecológicas**: algunas explotaciones mineras se están trasladando a regiones con abundantes fuentes de energía renovables, como Islandia y Canadá.

- **La transición de Bitcoin hacia una energía más limpia**: El Consejo Minero de Bitcoin, creado en 2021, tiene como objetivo promover prácticas mineras sostenibles.

3. ESCALABILIDAD Y LIMITACIONES TECNOLÓGICAS

Los problemas de escalabilidad de Bitcoin vienen de lejos, sobre todo cuando se trata de gestionar un gran volumen de transacciones.

Soluciones tecnológicas

- **Red luminosa**: una solución de segundo nivel que permite transacciones más rápidas y baratas.

- Actualización **de Taproot**: implementada en 2021, esta actualización mejora la privacidad, la escalabilidad y las capacidades de los contratos inteligentes en la red Bitcoin.

¿QUÉ HAY DE NUEVO EN BITCOIN Y EN LA TECNOLOGÍA BLOCKCHAIN?

El futuro de Bitcoin y la tecnología blockchain está lleno de posibilidades apasionantes. Exploramos algunas de las tendencias clave que podrían dar forma al sector en los próximos años.

1. INTEGRACIÓN FINANCIERA GENERAL

Bitcoin está cada vez más integrado en los mercados financieros tradicionales y esta tendencia va a continuar.

Ejemplos de integración

- ETF **de Bitcoin**: En 2021, se lanzaron los primeros ETF de futuros de Bitcoin en Estados Unidos, ofreciendo a los inversores una forma de obtener exposición a Bitcoin a través de cuentas de corretaje tradicionales.

- **Servicios bancarios**: Los principales bancos están empezando a ofrecer servicios de custodia de Bitcoin, lo que permite a los clientes con grandes patrimonios invertir en activos digitales de forma segura.

2. DEFI Y FINANCIACIÓN DESCENTRALIZADA

Mientras que Bitcoin es la base del ecosistema de las criptomonedas, **las finanzas descentralizadas (DeFi)** son uno de los sectores de más rápido crecimiento en el espacio blockchain.

Cómo podría influir DeFi en Bitcoin

- Colateralización: los Bitcoins pueden utilizarse como garantía en los protocolos DeFi, lo que permite a los titulares ganar intereses o pedir préstamos con sus activos.

- **Tokenización**: Los proyectos están explorando formas de tokenizar Bitcoin, haciéndolo compatible con otros ecosistemas blockchain.

3. EL AUGE DE LAS SOLUCIONES DE NIVEL 2

Las soluciones de capa 2, como la **Lightning Network**, son esenciales para ampliar la capacidad de transacción de Bitcoin. Cuando estas soluciones maduren, podrían allanar el camino para el uso de Bitcoin como medio de intercambio cotidiano.

Ventajas de las soluciones de capa 2

- **Reducción de comisiones**: Al mover las transacciones fuera de la cadena, las soluciones de capa 2 reducen la congestión en la red central de Bitcoin.

- **Confirmaciones más rápidas**: Las transacciones pueden liquidarse casi instantáneamente, lo que hace que Bitcoin sea más práctico para el uso diario.

POSIBLES USOS DEL BITCOIN EN EL FUTURO

A medida que Bitcoin sigue madurando, surgen nuevos casos de uso que podrían promover aún más su adopción.

1. PAGOS TRANSFRONTERIZOS

La capacidad de Bitcoin para liquidar transacciones de forma rápida y barata lo convierte en una solución atractiva para los pagos transfronterizos, especialmente en regiones con monedas inestables o acceso limitado a los servicios bancarios.

2. IDENTIDAD DIGITAL Y PRIVACIDAD

La naturaleza descentralizada de Bitcoin podría desempeñar un papel importante en las soluciones de **identidad digital** y privacidad, permitiendo a los individuos tomar el control de sus datos personales.

3. CONTRATOS INTELIGENTES Y DINERO PROGRAMABLE

Aunque Ethereum es actualmente el líder en contratos inteligentes, la reciente **actualización** de **Taproot** de Bitcoin introduce la posibilidad de realizar transacciones más complejas, allanando el camino para los contratos inteligentes basados en Bitcoin.

INVERTIR EN BITCOIN: LO QUE HAY QUE SABER PARA EL FUTURO

A medida que evoluciona el panorama de las criptomonedas, invertir en Bitcoin requiere un enfoque con visión de futuro. He aquí algunas estrategias a tener en cuenta para el futuro.

1. ESTAR INFORMADO

El sector de las criptomonedas evoluciona rápidamente. Estar al día de las últimas novedades, cambios normativos y avances tecnológicos te ayudará a tomar mejores decisiones de inversión.

2. DIVERSIFICACIÓN DE LAS PARTICIPACIONES

Aunque Bitcoin sigue siendo la criptomoneda dominante, hay otros proyectos prometedores que merece la pena considerar, especialmente en los espacios DeFi y NFT.

3. PREPARARSE PARA LA VOLATILIDAD

Es probable que el precio del Bitcoin siga siendo volátil. Planifique cómo reaccionará a las fluctuaciones del mercado, ya sea mediante el promediado del coste en dólares, la tenencia a largo plazo o el uso de órdenes de stop-loss.

Bitcoin ha recorrido un largo camino desde su creación y, aunque el futuro es incierto, su potencial es enorme. Tanto si Bitcoin se convierte en el activo financiero dominante del mundo como si sigue siendo un depósito de valor de nicho, una cosa está clara: ya ha dejado una huella indeleble en el sistema financiero mundial.

En el próximo capítulo, hablaremos de cómo protegerse de las estafas **y fraudes** que, por desgracia, prevalecen en el espacio de las criptomonedas, proporcionando consejos prácticos sobre cómo mantenerse a salvo mientras se navega por este emocionante pero arriesgado sector.

La mejor forma de predecir el futuro es crearlo". - Peter Drucker

10

PROTEGERSE DEL FRAUDE Y DEL FRAUDE

Con el aumento de la popularidad de Bitcoin y otras criptomonedas, también ha crecido el número de estafas y planes fraudulentos dirigidos a inversores desprevenidos. Dado que las criptomonedas operan en un espacio descentralizado y en gran medida no regulado, son un objetivo privilegiado para los estafadores. En este capítulo se examinan las estafas más comunes en el mundo de las criptomonedas, se explica cómo reconocerlas y se esbozan medidas prácticas para protegerse.

POR QUÉ LAS CRIPTOMONEDAS SON UN OBJETIVO PRIVILEGIADO PARA LAS ESTAFAS

Las criptomonedas ofrecen un alto nivel de privacidad, anonimato y falta de regulación, lo que puede ser tanto una ventaja como una desventaja. Si bien esto permite a los usuarios controlar sus activos sin intermediarios, también atrae a iniciados maliciosos que buscan explotar a inversores inexpertos.

Las principales razones de las estafas relacionadas con las criptomonedas:

1 Falta de regulación: La naturaleza descentralizada de las criptomonedas significa que la supervisión financiera tradicional es limitada, lo que crea oportunidades para las estafas.

2 Transacciones **reversibles**: A diferencia de los pagos con tarjeta de crédito o las transferencias bancarias, las transacciones de criptomoneda no pueden revertirse. Una vez que se envían los fondos, se terminan.

3 Anonimato: las transacciones con Bitcoin son seudónimas, es decir, no revelan directamente su identidad. Los estafadores se aprovechan de ello para ocultar su rastro.

4 Fomo (Miedo a perderse algo): El bombo que rodea a las criptomonedas puede empujar a la gente a tomar decisiones impulsivas, haciéndolos más susceptibles a las estafas.

ESTAFAS HABITUALES CÓMO RECONOCERLAS

Comprender los tipos de estafas que existen es el primer paso para protegerse. Estas son algunas de las estafas más comunes en el mundo de las criptomonedas:

1. ATAQUES DE PHISHING

Los ataques de phishing son una de las estafas más comunes en el mundo digital, y las criptomonedas no son una excepción. Estas estafas suelen consistir en correos electrónicos, sitios web o cuentas de redes sociales falsos que imitan plataformas legítimas para engañarte y que reveles tus claves privadas o credenciales de inicio de sesión.

Cómo reconocer un ataque de phishing:

- **Compruebe la URL**: Los estafadores suelen utilizar URL similares a las legítimas (por ejemplo, "coinbàse.com" en lugar de "coinbase.com").

-**Compruebe que el** sitio web **tenga HTTPS**: asegúrese siempre de que la conexión sea segura (se indica con 'https://' y el icono de un candado).

- **Correos electrónicos sospechosos**: desconfíe de los correos electrónicos que solicitan información sensible o le invitan a hacer clic en un enlace para "arreglar su cuenta".

2. ESQUEMAS DE INVERSIÓN FALSOS

Muchos estafadores prometen rendimientos garantizados de las inversiones en Bitcoin u otras criptomonedas. A menudo se trata de esquemas **Ponzi**, en los que los primeros inversores cobran con el dinero de nuevos inversores hasta que el esquema se derrumba.

Señales de un falso plan de inversión:

- **Rentabilidad garantizada**: Desconfíe de quienes prometen rendimientos elevados y garantizados con poco o ningún riesgo.

- Inversiones **no registradas**: compruebe si la inversión está registrada ante las autoridades financieras de su país.

- **Presión para invertir rápidamente**: Los estafadores suelen utilizar tácticas de alta presión para inducirle a invertir inmediatamente.

3. FALSOS REGALOS Y LANZAMIENTOS AÉREOS

Los estafadores a menudo se hacen pasar por celebridades, personas influyentes o empresas que ofrecen "regalos" en los que prometen enviarte el doble de criptomoneda si les envías primero una cantidad determinada. Se trata de una estafa habitual en redes sociales como Twitter, Instagram y Telegram.

Cómo evitar los timos de los regalos:

- Demasiado bueno para ser verdad: si suena demasiado bueno para ser verdad, probablemente lo sea.

- **Ningún sorteo legítimo requiere pago**: Los auténticos sorteos no requieren el envío de dinero.

- **Comprueba las cuentas verificadas**: Los estafadores suelen utilizar cuentas falsas para imitar a famosos. Busca la marca de verificación.

4. TAPICERÍA EN DEFI

En el mundo de las finanzas descentralizadas (DeFi)**, los "tirones de alfombra"** se han convertido en un problema importante. Esto ocurre cuando los desarrolladores lanzan un nuevo token, hacen subir su precio y, de repente, retiran toda la liquidez, dejando a los inversores con tokens sin valor.

Cómo detectar un posible problema de tracción en una alfombra:

- Sin código verificado: Asegúrese de que los contratos inteligentes del proyecto han sido verificados por una empresa de confianza.

- Equipo **anónimo**: tenga cuidado si el equipo del proyecto es completamente anónimo o no tiene un historial verificable.

- Rentabilidades **poco realistas**: Si un proyecto DeFi promete rentabilidades extremadamente altas (como un 1000% APY), es probable que sea demasiado bueno para ser verdad.

5. FALSAS BOLSAS DE CRIPTODIVISAS

Algunos estafadores crean bolsas falsas que parecen legítimas, pero están diseñadas para robar sus fondos. Atraen a los usuarios con comisiones bajas, promociones u ofertas especiales.

Cómo evitar falsos intercambios:

- Investiga: utiliza sólo bolsas conocidas y fiables como Coinbase, Kraken o Binance.

- Compruebe las opiniones **en línea**: Busque opiniones en sitios como Trustpilot o Reddit antes de utilizar un intercambio desconocido.

-Nunca deposite más de lo que esté dispuesto a perder: pruebe la plataforma con una pequeña cantidad antes de comprometer fondos mayores.

6. ESTAFAS DE INGENIERÍA SOCIAL

Los estafadores pueden hacerse pasar por agentes del servicio de atención al cliente de bolsos o carteras populares y pedir información confidencial. Estas estafas suelen tener lugar en plataformas de redes sociales o por correo electrónico.

Consejos para protegerse:

- Nunca compartas tu clave privada: Ningún agente de soporte legítimo te pedirá nunca tu clave privada o tu frase inicial.

- Comprueba la información de contacto: Comprueba siempre que te estás comunicando con los canales de soporte oficiales de una casa de cambio o monedero.

BUENAS PRÁCTICAS PARA PROTEGER SUS CRIPTOMONEDAS

Ahora que ya conoce las estafas más comunes, vamos a comentar algunas medidas prácticas para proteger sus criptomonedas.

1. UTILIZACIÓN DE UNA CARTERA DE HARDWARE

Un monedero físico (como **Ledger Nano X** o **Trezor Model T**) almacena las claves privadas fuera de línea, lo que hace casi imposible que los hackers accedan a los fondos. Esta es una de las formas más seguras de almacenar criptomonedas, especialmente si planeas guardar grandes cantidades.

Por qué utilizar una cartera de hardware:

- **Almacenamiento fuera de línea**: mantiene las claves privadas a salvo de ataques en línea.

-**Copia de seguridad y recuperación**: Permite recuperar el monedero mediante una frase semilla en caso de pérdida o daño del dispositivo.

2. ACTIVAR LA AUTENTICACIÓN DE DOS FACTORES (2FA)

La autenticación de dos factores (2FA) añade una capa adicional de seguridad a tus cuentas de intercambio y monederos. No solo requiere una contraseña, sino también un código de una aplicación como **Google Authenticator** o **Authy**.

Cómo configurar el 2FA:

- **Descargar una aplicación 2FA**: Google Authenticator, Authy o Microsoft Authenticator son opciones populares.

- **Active 2FA en todas las cuentas**: configúrelo para sus correos electrónicos, intercambios y monederos para protegerse de accesos no autorizados.

3. NUNCA COMPARTAS TUS CLAVES PRIVADAS O TU FRASE SEMILLA

La **clave privada** o **frase semilla** es la clave principal de tu monedero de criptodivisas. Si alguien accede a ella, puede apropiarse de todos tus fondos. Guárdala siempre en un lugar seguro, preferiblemente fuera de línea.

Buenas prácticas para preservar la frase semilla:

- **Anótala**: utiliza papel y bolígrafo para anotar tu frase semilla y guárdala en una caja fuerte ignífuga.

- **No almacenar en formato digital**: Evita almacenar tu frase semilla en formatos digitales como el correo electrónico, el almacenamiento en la nube o en tu ordenador.

4. UTILICE UNA VPN PARA MAYOR SEGURIDAD

Una **red privada virtual (VPN)** cifra su conexión a Internet, lo que hace más difícil que los piratas informáticos intercepten sus datos. Esto es especialmente importante si accedes a tus cuentas de cambio en redes Wi-Fi públicas.

VPN recomendadas:

-NordVPN

-ExpressVPN

-ProtonVPN

5. COMPROBACIÓN DE SITIOS WEB Y APLICACIONES

Compruebe siempre las URL de las bolsas y monederos que utiliza. Los estafadores suelen crear sitios web falsos que parecen idénticos a los legítimos. Marca los sitios web oficiales para evitar estafas de phishing.

Cómo verificar un sitio web:

- **Buscar HTTPS**: compruebe que la URL empieza por 'https://' y muestra el icono de un candado.

- **Compruebe los errores tipográficos**: los estafadores suelen utilizar URL con pequeños errores ortográficos (por ejemplo, "coinbàse.com").

- **Utilice las tiendas de aplicaciones oficiales**: Descargue las aplicaciones de monedero y las plataformas de intercambio únicamente de fuentes oficiales como Google Play o Apple App Store.

QUÉ HACER SI ES VÍCTIMA DE UNA ESTAFA

Si te das cuenta de que te han engañado, aún puedes tomar medidas para minimizar el daño.

1. ACTUAR INMEDIATAMENTE

- **Transfiera fondos a un monedero** seguro: Si su monedero o cuenta de operaciones se ve comprometida, transfiera los fondos restantes a un monedero de hardware seguro.

- **Cambiar contraseñas**: actualiza inmediatamente las contraseñas de todas las cuentas conectadas.

2. INFORMAR DEL INCIDENTE

- **Contactar con la casa de cambio**: si te han estafado a través de una casa de cambio, denuncia el incidente a su equipo de asistencia.

- **Denuncia a las autoridades**: En algunos países, es posible denunciar las estafas relacionadas con las criptomonedas a la policía o a los organismos reguladores.

- **Informe a su banco**: Si ha utilizado una cuenta corriente o una tarjeta de crédito, informe a su banco de la estafa para evitar nuevos cargos no autorizados.

3. ADVERTIR A LOS DEMÁS

Compartir la propia experiencia en las redes sociales, en foros como **Reddit** o en plataformas como **Trustpilot** puede ayudar a otros a no caer en la misma trampa.

El mundo de las criptomonedas está lleno de oportunidades, pero también de estafas. Si entiendes cómo funcionan estas estafas y tomas medidas proactivas para protegerte, podrás navegar con seguridad por el espacio de las criptodivisas. Recuerde que en el mundo descentralizado de las criptomonedas, la responsabilidad de proteger sus activos recae enteramente sobre sus hombros.

En el próximo capítulo profundizaremos **en las consideraciones fiscales y legales** para los inversores en Bitcoin, para asegurarnos de que cumple la normativa y maximiza sus beneficios.

11

BITCOIN Y CRIPTOVALUAS COMO ESTRATEGIA DE INVERSIÓN A LARGO PLAZO

Bitcoin ha ganado reputación no sólo como activo especulativo, sino también como una valiosa inversión a largo plazo. Con la creciente adopción y el interés institucional, cada vez se considera más como parte de una estrategia de cartera diversificada. Este capítulo examina cómo incorporar Bitcoin y otras criptomonedas a un plan de inversión a largo plazo, las ventajas de hacerlo y los posibles escollos que hay que evitar.

CREAR UNA CARTERA DIVERSIFICADA DE CRIPTOMONEDAS

Uno de los principios fundamentales de la inversión es la diversificación, es decir, repartir las inversiones entre distintos activos para reducir el riesgo. En el contexto de las criptomonedas, esto significa invertir no solo en Bitcoin, sino también en otras criptomonedas establecidas conocidas como **altcoins**.

1. POR QUÉ ES IMPORTANTE LA DIVERSIFICACIÓN

Las criptomonedas son notoriamente volátiles. Aunque el Bitcoin se ha mantenido relativamente estable en comparación con algunas altcoins, sigue estando sujeto a importantes fluctuaciones de precios. La diversificación puede ayudar a reducir el riesgo de pérdidas significativas.

Beneficios de la diversificación:

- **Gestión del riesgo**: al repartir la inversión entre varios activos, se reduce el impacto de una caída en un solo activo.

- **Exposición a la innovación**: Altcoins como Ethereum, Solana y Polkadot ofrecen exposición a tecnologías emergentes como las finanzas descentralizadas (DeFi), los contratos inteligentes y las aplicaciones descentralizadas (dApps).

- **Mayores rendimientos**: Aunque el Bitcoin es históricamente la apuesta más segura en el espacio de las criptomonedas, las altcoins pueden ofrecer mayores rendimientos, aunque con mayor riesgo.

2. CÓMO DIVERSIFICAR SU CARTERA DE CRIPTOMONEDAS

Una cartera diversificada podría incluir una mezcla de **Bitcoin, altcoin, stablecoins** e incluso tokens no fungibles (NFT). He aquí un ejemplo de asignación para una cartera de criptomonedas equilibrada:

-**50% Bitcoin (BTC)**: Como la criptodivisa más establecida, Bitcoin es la base de su cartera.

-**20% Ethereum (ETH)**: La plataforma líder de contratos inteligentes con amplios ecosistemas DeFi y NFT.

-**10% Stablecoins (USDC, USDT)**: Proporcionan estabilidad y liquidez a su cartera.

-**10% Altcoins (ej. Solana, Polkadot, Cardano)**: Exposición a proyectos de alto crecimiento.

-**10% Tokens DeFi (por ejemplo, Aave, Uniswap)**: Acceso al sector de las finanzas descentralizadas.

Reequilibrar la cartera

Es importante **reequilibrar** la cartera periódicamente. Si un activo aumenta mucho de valor, puede ser necesario cambiar su asignación. Los reajustes periódicos ayudan a fijar las ganancias y a reducir el riesgo.

COBERTURA CON BITCOIN Y ALTCOIN

En el mundo financiero tradicional, la cobertura es una estrategia utilizada para protegerse de las pérdidas. Bitcoin puede servir como cobertura contra la inflación y la inestabilidad económica, mientras que las altcoins pueden proporcionar una cobertura contra la volatilidad de Bitcoin.

1. BITCOIN COMO COBERTURA CONTRA LA INFLACIÓN

Con los gobiernos imprimiendo dinero para estimular las economías, la preocupación por la inflación ha empujado a los inversores hacia activos que mantengan su valor. Bitcoin, con su **suministro fijo de 21 millones de monedas**, ha sido comparado con el "oro digital".

Porque Bitcoin funciona como cobertura contra la inflación:

- **Escasez**: el límite de oferta de Bitcoin garantiza que ninguna autoridad central pueda diluir su valor.

- **Descentralización**: Bitcoin es inmune a las interferencias gubernamentales y a los cambios en la política monetaria.

- **Adopción institucional**: El creciente interés de empresas e instituciones como Tesla y MicroStrategy añade credibilidad al papel de Bitcoin como depósito de valor.

2. COBERTURA DE LA VOLATILIDAD CON STABLECOINS

Las monedas estables, como USDT (Tether) y USDC (USD Coin), están vinculadas al valor de las monedas fiduciarias, proporcionando un depósito de valor estable. Pueden utilizarse para proteger la cartera durante las fases bajistas del mercado.

Ventajas de poseer monedas estables:

- **Liquidez**: Convierte fácilmente stablecoins en otras criptomonedas o fiat.

- **Volatilidad reducida**: A diferencia de las bitcoins o altcoins, las stablecoins mantienen un valor constante.

- **Oportunidades de ingresos pasivos**: Puedes ganar intereses prestando tus stablecoins en plataformas como BlockFi o Aave.

LA IMPORTANCIA DE LA PACIENCIA EN LAS INVERSIONES EN CRIPTOMONEDAS

Uno de los aspectos más difíciles de invertir en criptomonedas es gestionar la extrema volatilidad. Sin embargo, la historia ha demostrado que quienes son pacientes y siguen una **estrategia a largo plazo** suelen verse recompensados.

1. LA ESTRATEGIA "HODL

El término "HODL" (Hold On for Dear Life) es un mantra popular entre los entusiastas del Bitcoin. Hace hincapié en la importancia de conservar los Bitcoins, incluso durante las caídas del mercado, en lugar de intentar cronometrar el mercado.

Por qué funciona HODLing:

- **La volatilidad es normal**: Bitcoin ha sufrido múltiples correcciones de más del 50%, sólo para repuntar a nuevos máximos históricos.

- Tendencias **a largo plazo**: A pesar de las fluctuaciones del precio a corto plazo, la tendencia a largo plazo del Bitcoin ha sido siempre al alza.

- **Ganancias** compuestas: Al mantener la posición durante las fases bajistas, evita vender con pérdidas y se beneficia del crecimiento compuesto a lo largo del tiempo.

2. DOLLAR COST AVERAGING (DCA)

Si le preocupa la volatilidad del mercado, **el promediado del coste en dólares** es una buena estrategia. Consiste en invertir una cantidad fija de dinero en Bitcoin u otras criptodivisas a intervalos regulares, independientemente del precio de mercado.

Ventajas del dollar cost averaging:

-**Reduce las decisiones emocionales**: Al ceñirse a un calendario establecido, se evita la tentación de comprar o vender en función de las tendencias del mercado.

- **Reducción del riesgo**: el DCA ayuda a mitigar el impacto de la volatilidad a corto plazo en sus inversiones.

- **Crea disciplina**: Esta estrategia es ideal para los inversores que desean un enfoque no vinculante.

CREACIÓN DE RIQUEZA A LARGO PLAZO CON BITCOIN

El potencial de Bitcoin para generar riqueza a largo plazo es una de las principales razones por las que está atrayendo a inversores de todo tipo. A continuación le explicamos cómo utilizar Bitcoin para generar y conservar riqueza a lo largo de los años.

1. INTERÉS COMPUESTO CON BITCOIN

Algunas plataformas le permiten ganar intereses por sus depósitos de Bitcoin, convirtiéndolos **en un activo generador de rendimientos**. Depositando sus Bitcoins en cuentas de plataformas como BlockFi, Nexo o Celsius, puede ganar intereses que oscilan entre el 3% y el 8% anual.

Consideración de los ingresos por intereses:

- **Riesgo de la plataforma**: no todas las plataformas son igual de seguras. Investiga la reputación de la plataforma, sus medidas de seguridad y sus pólizas de seguros.

- **Custodia y no custodia**: comprenda si la plataforma requiere la transferencia del control de su Bitcoin. Las soluciones sin custodia, como los protocolos DeFi, suelen ser más seguras, pero pueden presentar otros riesgos.

2. EL USO DE CUENTAS CON PRIVILEGIOS FISCALES

En Estados Unidos, es posible invertir en Bitcoin a través de una **cuenta IRA autodirigida**, que permite disfrutar de las ventajas fiscales de las cuentas de jubilación.

Tipos de cuentas IRA autodirigidas:

- **IRA tradicional**: las aportaciones son desgravables, pero las retiradas están sujetas a impuestos.

- **IRA**: las aportaciones se pagan después de impuestos, pero los reintegros están exentos de impuestos.

3. AUMENTAR LA PROPIA CARTERA IMPONIENDO Y DEFINIENDO

Además de mantener Bitcoin, es posible generar ingresos pasivos a través de la **estaca** y la **agricultura de rendimiento** en el espacio DeFi.

Ejemplos:

- **Hacerse con Ethereum 2.0**: Gana recompensas bloqueando tu ETH en la red.

- **Yield farming**: Proporcionar liquidez en bolsas descentralizadas (DEX) como Uniswap o SushiSwap para ganar intereses y comisiones.

ERRORES COMUNES QUE DEBEN EVITARSE EN LAS INVERSIONES EN CRIPTOMONEDAS A LARGO PLAZO

Invertir en Bitcoin y otras criptomonedas puede ser gratificante, pero hay errores comunes que pueden descarrilar su estrategia.

1. TOMA DE DECISIONES EMOCIONAL

El mercado de las criptomonedas es muy volátil y es fácil dejarse llevar por la exageración o el pánico. La clave para invertir con éxito a largo plazo es evitar tomar decisiones emocionales.

Cómo evitar el trading emocional:

- **Establezca objetivos claros**: fije su horizonte temporal de inversión y cúmplalo.

- **Utilice órdenes de** stop-loss: Proteja sus inversiones de caídas repentinas estableciendo límites de stop-loss.

- **Desconecta las notificaciones**: si estás constantemente comprobando los precios, quizá sea mejor que desconectes y te concentres en la estrategia a largo plazo.

2. NO ASEGURAR LA PROPIA PROPIEDAD

Almacenar tus Bitcoins en un exchange puede ser arriesgado debido a posibles hackeos. Utiliza siempre un **monedero físico** como Ledger o Trezor para el almacenamiento a largo plazo.

Consejos de seguridad:

- Utilice la autenticación de dos factores (2FA): Añada una capa adicional de seguridad a sus cuentas Exchange.

- Copia de seguridad del monedero: Guarde su frase semilla en un lugar seguro y sin conexión.

- Evite las redes Wi-Fi públicas: cuando acceda a sus cuentas cifradas, utilice una VPN para mayor seguridad.

3. IGNORAR LAS IMPLICACIONES FISCALES

Como se ha explicado en el capítulo anterior, las transacciones de criptomoneda están sujetas a impuestos. No declarar las ganancias y pérdidas puede acarrear sanciones.

Cómo seguir cumpliendo la normativa:

- Utilizar software fiscal para criptomonedas: Herramientas como CoinTracker y Koinly pueden ayudarte a calcular los impuestos a pagar.

- Consulte a un profesional fiscal: si tiene participaciones importantes, merece la pena consultar a un asesor fiscal con experiencia en criptomonedas.

Invertir en Bitcoin y criptomonedas a largo plazo puede cambiar las reglas del juego a la hora de crear riqueza, especialmente en una época de incertidumbre económica. Sin embargo, requiere disciplina, paciencia y un enfoque estratégico. Comprendiendo cómo diversificar, cubrir los riesgos y aprovechar las oportunidades de ingresos pasivos, puede posicionarse para el éxito a largo plazo en el espacio de las criptodivisas.

En el próximo y último capítulo, concluiremos con acciones a tomar para continuar su viaje en el mundo de las criptodivisas, incluyendo cómo mantenerse informado, aprender continuamente y asegurar su futuro financiero.

"La Bolsa está llena de individuos que conocen el precio de todo, pero el valor de nada". - Philip Fisher

SU CAMINO HACIA LA LIBERTAD FINANCIERA CON BITCOIN

¡Enhorabuena por haber llegado al último capítulo de esta guía! Llegados a este punto, ya ha adquirido un conocimiento exhaustivo de Bitcoin, las criptomonedas y el mundo de los activos digitales. Ha aprendido acerca de la tecnología, las oportunidades y los riesgos, así como estrategias prácticas para proteger y hacer crecer sus inversiones. En este capítulo resumiremos los puntos clave, esbozaremos los próximos pasos en su viaje hacia las criptomonedas y exploraremos cómo adoptar Bitcoin puede ayudarle a asegurar su futuro financiero.

REPASAR LOS PUNTOS CLAVE DE LOS QUE PARTIR

Antes de sumergirnos en lo que nos espera, resumamos algunos de los conceptos más importantes tratados en este libro.

1. BITCOIN ES MÁS QUE UNA MONEDA DIGITAL

Bitcoin no es sólo una moneda digital, sino una **tecnología revolucionaria** que tiene el potencial de cambiar el mundo de las finanzas. Debido a su naturaleza descentralizada, resistente a la censura y transparente, mine una alternativa a los sistemas financieros tradicionales plagados de centralización, inflación e ineficiencias.

Conceptos clave:

- **Descentralización**: Bitcoin funciona en una red entre iguales sin necesidad de intermediarios.

- **Oferta fija**: Con un límite máximo de 21 millones de monedas, Bitcoin es deflacionista, a diferencia de las monedas fiduciarias que pueden imprimirse indefinidamente.

- **Reserva de valor**: Muchos inversores consideran el Bitcoin como "oro digital" por su escasez y resistencia a la inflación.

2. LA SEGURIDAD ES LA CLAVE DE LAS INVERSIONES EN CRIPTODIVISAS

Uno de los principios fundamentales de la inversión en criptomonedas es la necesidad de **seguridad**. Aunque la cadena de bloques de Bitcoin es segura, la seguridad de sus activos personales depende de sus prácticas de seguridad.

Consejos esenciales de seguridad:

- Utilice una **cartera de hardware** para almacenar sus activos de criptomoneda a largo plazo.

- Active siempre **la autenticación de dos factores (2FA)** en sus cuentas.

-Guarda tu **frase semilla** y nunca la almacenes online.

3. LA DIVERSIFICACIÓN Y LAS ESTRATEGIAS A LARGO PLAZO SON CLAVE

El bitcoin puede formar parte de una cartera de inversión diversificada, pero es esencial tener una estrategia clara, especialmente dada la volatilidad del mercado de criptomonedas.

Estrategias de inversión:

- **Dollar-Cost Averaging (DCA)**: invertir una cantidad fija a intervalos regulares para reducir el impacto de la volatilidad.

- **HODL**: adopte una perspectiva a largo plazo para superar las fluctuaciones del mercado.

- **Diversificación de la cartera**: Considere la posibilidad de añadir altcoin, stablecoin o incluso tokens DeFi para equilibrar el riesgo y la recompensa.

4. LOS HONORARIOS Y EL CUMPLIMIENTO DE LA LEY NO SON NEGOCIABLES

A medida que Bitcoin se extiende, los gobiernos vigilan cada vez más las actividades con criptomonedas. El cumplimiento de las leyes fiscales es crucial para evitar problemas legales.

Sugerencias para el cumplimiento:

- Informe de todos los hechos imponibles, como la venta, el intercambio o el uso de Bitcoin para compras.

- Utilice programas de encriptación para simplificar los informes y reducir los errores.

-Consulte a un profesional fiscal si tiene transacciones complejas de criptodivisas.

LAS PRÓXIMAS ETAPAS DE SU VIAJE CRIPTOGRÁFICO

Ahora que ya tiene los conocimientos, es el momento de ponerlos en práctica. He aquí una hoja de ruta que le ayudará en su viaje por el mundo del Bitcoin y las criptomonedas.

1. ESTABLECER OBJETIVOS FINANCIEROS CLAROS

Antes de realizar cualquier inversión, es esencial definir sus objetivos financieros. Una comprensión clara de lo que quiere conseguir puede ayudarle a orientar sus decisiones.

Cuestiones a tener en cuenta:

- **¿Cuál es su horizonte temporal?** ¿Invierte para los próximos 5, 10 o 20 años?

- **¿Cuál es su tolerancia al riesgo?** ¿Se siente cómodo con la volatilidad o prefiere inversiones más seguras y menos volátiles?

- **¿Cuál es su objetivo final?** ¿Quiere crear riqueza a largo plazo, diversificar su cartera o utilizar Bitcoin como cobertura contra la inflación?

2. EDÚCATE CONTINUAMENTE

El mundo de las criptomonedas evoluciona constantemente, con la aparición de nuevas tecnologías, normativas y oportunidades. Mantenerse informado es esencial para tomar decisiones de inversión inteligentes.

Recursos para el aprendizaje permanente:

- **Sitios de noticias**: Siga fuentes fiables de noticias sobre criptomonedas como CoinDesk, CoinTelegraph y Decrypt.

- **Podcasts**: Escucha podcasts como "Unchained" de Laura Shin o "The Pomp Podcast" de Anthony Pompliano.

- **Libros y guías**: Lee más guías en profundidad sobre temas como DeFi, NFT y la tecnología blockchain.

- **Cursos online**: Plataformas como Udemy y Coursera ofrecen cursos sobre blockchain e inversión en criptomonedas.

3. EXPLORACIÓN DE NUEVAS OPORTUNIDADES EN EL ESPACIO CRIPTOGRÁFICO

Una vez que se sienta cómodo con Bitcoin, considere la posibilidad de explorar otras áreas del ecosistema de las criptomonedas para diversificar sus participaciones y ampliar sus conocimientos.

Ámbitos emergentes por explorar:

-**DeFi (finanzas descentralizadas)**: las plataformas DeFi como Aave, Compound y Uniswap ofrecen la oportunidad de ganar intereses, pedir prestado, prestar y comerciar sin intermediarios.

- **NFT (fichas no fungibles)**: Los NFT son activos digitales que representan la propiedad de objetos únicos, como arte, música y bienes inmuebles virtuales.

- **Staking y Yield Farming**: obtener ingresos pasivos apostando criptomonedas o proporcionando liquidez en bolsas descentralizadas.

4. CREACIÓN DE REDES Y RELACIONES EN LA COMUNIDAD CRIPTOGRÁFICA

La comunidad de la criptomoneda es vibrante y está llena de gente dispuesta a compartir sus conocimientos y experiencia. Participar en esta comunidad puede ayudarte a mantenerte informado y conectado.

Formas de conectar:

- **Redes sociales**: Siga a los líderes de opinión en Twitter, Reddit y LinkedIn.

- **Reuniones y conferencias**: Asista a eventos como Bitcoin Miami, Consensus o reuniones locales sobre blockchain.

- **Comunidad en línea**: Participa en foros y grupos de Telegram dedicados a debates sobre criptomonedas.

5. ASEGURAR SU FUTURO FINANCIERO

Ahora que ha comenzado su viaje con Bitcoin, céntrese en asegurar su futuro financiero integrando la criptodivisa en su plan financiero más amplio.

Consejos para la planificación financiera:

- **Cree un fondo de emergencia**: Antes de hacer inversiones importantes, asegúrese de tener una reserva de efectivo para cubrir emergencias.

- **Diversifique las clases de activos**: No invierta todo su dinero en criptomonedas. Equilibra tu cartera con acciones, bonos y bienes inmuebles.

- **Planificación de la jubilación**: considere la posibilidad de utilizar cuentas IRA autodirigidas para invertir en Bitcoin y aprovechar las ventajas fiscales.

MANTENERSE INFORMADO Y APRENDER CONTINUAMENTE

Las criptomonedas son un sector en rápida evolución y lo que sabe hoy podría cambiar mañana. He aquí cómo mantenerse a la vanguardia:

1. SEGUIMIENTO DE LAS TENDENCIAS DEL MERCADO

Estar atento a las tendencias del mercado puede ayudarte a tomar decisiones más informadas. Utiliza plataformas como TradingView para el análisis técnico y CoinMarketCap para seguir los precios y las tendencias.

2. APROVECHAR LAS HERRAMIENTAS Y APLICACIONES DE CIFRADO

Existen numerosas herramientas y aplicaciones que pueden ayudarle a gestionar sus inversiones en criptomoneda de forma más eficaz:

- **Rastreadores de cartera**: CoinStats, Delta y Blockfolio son excelentes para supervisar tus participaciones.

- **Plataformas de negociación**: Explore la negociación avanzada en bolsas como Binance, Kraken o Coinbase Pro.

- **Herramientas de seguridad**: Utiliza gestores de contraseñas como LastPass y VPNs como NordVPN para mayor seguridad.

3. CONSIDERAR ESTRATEGIAS AVANZADAS

Una vez adquiridos los conocimientos básicos, pueden explorarse estrategias avanzadas como la **negociación de opciones**, **la negociación apalancada** y **los criptoderivados**. Sin embargo, estas estrategias conllevan un mayor riesgo y requieren sólidos conocimientos del mercado.

EL FUTURO ES CRIPTO: ACEPTAR EL CAMBIO

Bitcoin ha recorrido un largo camino desde su creación, pero esto es sólo el principio. A medida que crezca la adopción y más personas reconozcan el valor de las tecnologías descentralizadas, el impacto de Bitcoin y blockchain seguirá expandiéndose.

1. EL PAPEL DEL BITCOIN EN EL FUTURO SISTEMA FINANCIERO

El papel de Bitcoin en el sistema financiero mundial está evolucionando. Puede que no sustituya por completo a las monedas fiduciarias, pero probablemente seguirá sirviendo **como depósito de valor** y **sistema financiero alternativo** para quienes busquen independencia financiera.

2. POSIBLES RETOS FUTUROS

El camino que queda por recorrer no está exento de desafíos. Habrá que abordar cuestiones como la incertidumbre regulatoria, los problemas medioambientales y la volatilidad del mercado. Sin embargo, la resistencia de Bitcoin y su comunidad sugiere que seguirá prosperando.

Adentrarse en el mundo del Bitcoin y las criptomonedas puede ser desalentador, pero también una de las decisiones financieras más gratificantes. La clave es **mantenerse paciente, informado y disciplinado**. Recuerde que la creación de riqueza es un maratón, no un sprint.

"El futuro pertenece a quienes creen en la belleza de sus sueños". - Eleanor Roosevelt

Milton Keynes UK
Ingram Content Group UK Ltd.
UKHW020916291124
451807UK00013B/966